说

林集說

张亚彬 编著

山西出版集团 三晋出版社

目　录

前　言

自有人类便有文明，自有文明便生文化。而文明之传播、文化之载体，离不开古籍文献。古籍文献的完成又离不开笔、墨、纸、砚。砚以其质坚寿古、历千年而不腐的特性，得以流传至今。面对一方方与文明共生的古砚，可以感受到中国文化的厚重。

砚台又是文人的精神庭院，"得意时，在砚池中神采飞扬；失意时，在砚池中舔血疗伤"。历代文人对砚台的挚爱是真诚的、刻骨铭心的。有的还著书立说，留下了大量对砚台的赞美、评说。也许是读书人遗传因子使然，我对古砚也情有独钟，十几年乐此不疲，至今已收藏上自汉晋下至明清各类材质的古砚 200 馀方，其中也不乏精品、珍品。古人云："学贵心悟，守旧无功。"我收藏古砚，不仅仅是喜欢它所蕴含的文化意蕴与灵性，更乐意在把玩中琢磨、研究它，从而享受其中有所发现的愉悦。藏之研之，其乐无穷。

编写此书的目的，就是想把古人对砚台的论说归纳分类，并择其要者予以出版，这样可以省去读者寻找和翻阅数十种砚台相关论著的时间和精力，同时又以"按"的形式，结合当今研究成果，将我在藏砚过程中的发现（有的跟古人的砚论一致，有的不完全一致）写出来，附于古人论述之后，引导读者去思考、鉴别，从而激发其收藏和研究古砚的兴趣。

本书刊出的古砚，并非都是流传有绪、款款入谱的名砚，而是仅就我所藏，挑选其有代表性者，按年代顺序，就其形制、砚材、坑口、石品等特征，一砚一叙，图文对照，便于识别。有的则撰写成文，记述自己的玩砚心得、鉴藏体会，试图为读者提供一条进入这一精彩世界的门径。所有这些努力，如果能给读者以启示和帮助，我就知足了。

由于初识此道，议论不免浮浅，所见未必真知，但毕竟用过心、努过力，倘能抛砖引玉，亦不失为初衷。

编者

诸家说砚

砚史说

· 唐代李肇《国史补》云:"内丘白瓷瓯,端溪紫石砚,天下无贵贱通用。"

· 唐代李石《续博物志》云:"天下之砚四十馀品,以青州红丝石为第一。"

· 宋代李东谷《砚谱》云:"黄帝得玉一纽,治为墨海。"

· 《砚谱》又云:"会稽有老叟云是右军之后,持一风字砚,大尺馀,色正赤,用之不减端石。"

· 宋代米芾《砚史》云:"有收得智永砚者,头微圆,类箕,中成臼矣。"

· 《东坡集》云:"端溪石始出于唐武德之世。"

· 宋代唐积《歙州砚谱》记载:"唐开元中,猎人叶氏逐兽至长城里,见垒石成城垒状,莹洁可爱,因携以归,粗刻成砚,温润大过端溪。"

· 宋代黄庭坚《洮河石砚铭》云:"王将军为国开临洮,有司岁馈可会者六百巨万,其中于中国得用者此研材也。"(编者注:王将军即宋将王韶。)

· 清代黄钦阿《端溪砚史汇参》云:"孔子庙中有石砚一枚,制甚古朴,盖孔子平生时物也。"

按:不断出土的实物也验证了上述文献记载,如在距今六七千年的西安半坡仰韶文化遗址就出土了研磨颜料的石质工具——研磨器,其造形与后来的砚台相似;陕西临潼姜寨二期工程遗址曾发现包括石砚、石磨棒、黑色颜料、陶质水杯等一套完整的彩绘工具,距今约五千馀年;湖北省云梦县睡虎地发现了战国至秦代初墓葬里出土的伴有其他文具的砚和墨,说明至迟在战国晚期到秦代,以磨墨书写为目的之用砚已经显现。东汉时期,砚的形式发生了变化,出现了纹饰雕刻,圆形砚盘下有三足,还有砚盖。如河北汉墓出土的双盘龙石砚,盖上有立体双龙盘绕,双龙口部相衔,颈下透雕成孔,四足匍地,造形极为生动,显示了汉代雕刻艺术水平。除了石刻砚雕之外,也出现了一些精美的砚盒,如徐州出土的汉兽形铜砚盒,卧兽伏地,通身镶嵌各种颜色的宝石,整个砚盒金光闪烁,华丽富贵。魏晋南北朝,江南地区瓷业发展很快,出现了三足或多足瓷砚,湖北省就先后出土了数方南北朝和隋朝多足青瓷砚。在山西大同也出土过一方雕刻精美的北魏方形石砚。诸多唐墓(特别是唐早期)出土的砚,均以箕形陶质为主。如《文物》杂志 1965 年 12 期发表的《洛阳市十五年来出土的砚台》图片中,箕形陶砚占了绝大多数,可见箕形陶砚在唐代所占的比例大于其他材质的砚台。清代朱栋在其《砚小史》中也讲到唐代陶砚使用的一些情况:"唐初书家林立,大概多用陶砚,而其特珍。"1958 年,经考古发掘,在南昌市唐墓出土了一方椭圆形端砚(箕形砚的变种),这是端砚开采之始的实物依据。尤其是唐代中晚期,人们对端砚、歙砚的钟情已远远超过当时广为使用的陶砚。至此,泥质砚基本被石砚所取代,首都博物馆就藏有一方唐代"风"字形歙砚(该砚的断代仍有争议)。宋代以后石砚材越来越多,包括山东鲁砚、万州黑石砚、河北易水石砚等数十种,无论是出土或传世的都屡见不鲜。

综上所述,作为研磨器(砚也可称作研磨器),砚的鼻祖应追溯到新石器时代;作为书画用砚,则应该在战国时期。

我们通常讲的砚台是指作为书画工具的砚台,这应该是砚台研究的重要领域。但无论是研磨器,还是书画用砚,都与文化有关,所以研究砚台及其体系,都不能脱离当时的文化取向和文化内涵。秦汉以后,由于科举制度的建立,大批文人通过科举进入统治阶层,这时的砚台更体现了文人的内涵和取向。可以说,砚台一出现就跟文化紧密地联系在一起。有人说,没有砚台就没有中华五千年文明的历史文献。这种说法虽有夸张,不过至少可以这样认为,砚的历史跟中华五千年文明史是结伴而行、密不可分的。

而砚台自身则形成了中国独有的文化现象。就其砚材而言,砚台可分为石砚、泥陶砚(包括瓷砚)、漆木砚、玉砚和金属砚等。唐代以前,砚材少而杂,唐代以后就以石砚为主了,仅制砚的石材就多达百馀种。现在仍在采集的除端砚、歙砚、洮河砚、红丝砚四大名石砚外,较著名的还有山东鲁砚、四川苴却石砚、宁夏贺兰山石砚、河北易水石砚、山西定襄文山石砚等数十种。砚的形制也很多,仅宋代就有平底、风字、凤池、垂裙、四直、箕样、斧样等五十馀种。砚之形制不一,取其实用而已,大体可分为四个类别,即扁形、足支形、暖砚形和插手形,其中扁形出现最早,使用也最普遍,几何形、仿生形、什物形和随意形就属扁形砚的范围。不过一个时期有一个时期的特点,宋代是以插手形为主形砚,突出实用;元代砚形墩厚、粗犷,多以当地砚材为之;明代仿古砚盛行,多讲究石材、石品,注重鉴赏;清代砚雕刻繁缛,突出艺术欣赏。

　　砚与文人、文化密切关联,历代都有不少钟情于砚台的文人墨客,有的还成为砚台收藏家和鉴赏家。像唐代柳公权,宋代欧阳修、苏东坡、米芾,元代汤允谟,明代沈仕、曹溶,清代朱彝尊、高凤翰、黄任、金农、纪晓岚、阮元等。有关砚台的著述也有数十种之多,如宋代苏易简《文房四谱》、米芾《砚史》、唐积《歙州砚谱》、元代汤允谟《古砚辨》,明代沈仕《砚谱》、曹溶《砚录》,清代朱彝尊《说砚》、吴绳年《端溪砚志》、计楠《端溪砚坑考》、吴兰修《端溪砚史》、盛百二《淄砚录》等。清代乾隆皇帝自己不仅收藏砚台,而且组织学者编撰了《钦定西清砚谱》流传至今。其实砚台这一中国特有的文化艺术,早已成为人们的研究对象,并吸引着一批又一批有志于此的人士去鉴赏它、研究它、解读它。

砚坑说

端　砚

　　·据清代高兆《端砚坑》记载:"端州分野直星纪⋯⋯羚羊峡距郡东三十里,束三江之水,其山产石类珹珋。唐宋以来,才人文士采作砚材,苏文忠称为宝石,盖东西粤扶舆之脉所蕴闷也。未至十里为大崤山,皆牛毛细皴,宛如画境。峡山青苍对峙,江流泓净,颇似严濑峡,石矿凡十一。"

·清周梅山《砚坑志》云:"砚山在端州羚羊峡东口南岸,离峡岸南上数武曰文殊坑,又南为砂皮洞,即《砚谱》所称虎坑也。虎坑之南为飞鼠岩,又上为宣德岩,岩口刻宣德遣官监督姓名及开坑封坑月日。再南为治平坑,土人又称曰岩仔坑,亦刻"宋治平四年差太监魏封重开"字。治平之南为水岩,治平间亦于此采石,又名康仔岩。诸洞俱在山麓西向,相去不出四十丈内外。水岩之上为屏风背,为朝天岩,为新坑,为古塔岩,即半边山岩也。山之东背为桃溪村,故《砚谱》有桃花岩之名。

惟水坑之石迥异诸洞,洞高不逾三四尺,阔如之。自宋开采至今,自高而卑,其深约二里许。洞中之水屈曲渊渟,采石者必先集黄冈石工自洞口鱼贯而入,列坐其间,寘灯于洞之两旁,以瓮汲水,次第传出,水渐落而与灯亦渐加,若汲至底,必须工三百辈昼夜更番,阅月乃竭,水竭而后采石。明设把总一员,专辖律令,盗石者比窃盗论,其历禁如此。今虽无此禁,然民间不得擅采,即当轴风雅,亦往往以金钱之费不资而止。此非具大力者必不能举,举必于冬天寒江落之时。水坑之内分四洞,匍伏而入,不得昂首直腰。至五六丈为正洞,又名为大西洞。从正洞又转六七丈为小西洞,其门最小故也。从其旁入为中洞,又从正洞左转十馀丈为东洞。东洞之北即飞鼠岩,此外乃峡内大江矣。每洞可容三四锤或六七锤,馀工仍转瓮递汲,否则水渐聚而锤无所施矣。其石之可视者仅一线,如金银矿之砂路,上下四旁俱黄色粗砺,如工人垒堤修路之物。而一线之物又必有如膜如膘包之络之,去膜与膘然后得石,然后又分三层,近山面砂水透漏,石中如蠹蚀名曰虫蛀,火捺重浊,蕉叶白老而不润。中层较嫩,下层更胜,至青花,惟下层为最。过此则底板石矣。中洞石青而深,西洞色青而浅,东洞多紫色,若一片纯紫而鲜妍者为紫羊肝,即宋时马肝石也,今亦罕见。火捺、蕉白、青花、朱砂斑、翡翠、麻雀斑、鸲鹆眼、黄龙纹、猪鬃眼,三洞皆有,他洞也间有之,特妍丑不同耳……三洞眼各异,中洞眼圆亦如珊瑚鸟目,若土气相侵,如象牙色者亦不贵。东洞眼碧色多晕,对之奕奕射人,然多鸡卵形,圆正明媚亦不易得。西洞眼有瞳如黍,其色漆黑亦足贵。大约三洞之中以秀色可餐,入手温柔,握之稍久掌中水濡,磨之无纤响、无浮沫、无水泡而墨辄浓,经三宿不涸者为至宝。

至于阿婆坑、白婆墳俱在羚羊峽北岸,其石质黝黯不鲜妍,佳者亦有蕉白、火捺。黄坑在羚羊峽西口南岸龙华寺后,石亦有眼而色紫质粗。羚羊峽中龙门汛左有坑数处,坑无水,其石亦紫而无蕉白、青花,今岭北所称紫端者是也。梅花坑在峽东口,从典水村而入,石亦多眼,眼大而无神,质青而粗。

朝天岩石坚而不嫩,细而不腻,火捺结而不晕,蕉白气晦无彩,得纯洁无斑者亦可贵。岩仔坑石扣之声铃铃,然久磨必滑。古塔岩石质亦细腻,然火捺、蕉白少蓬勃生发之气,惟鸲鹆眼圆正而色淡绿,多层纹明媚可爱。屏风背石色如猪肝曝于风日,绝少生气。宣德岩石仿佛水岩,今不可得。惟飞鼠岩石淡紫而润,间有黄龙纹。砂皮洞石蕉白、青花、火捺均有之,而细腻不及水岩,然较诸洞则飞鼠、砂皮两洞犹为可嘉。文殊坑石颇似飞鼠岩,而滋润不无少逊矣。新岩石细润微有青花、蕉白,久之光如镜面,不发墨也。宋以前,水岩未开,俱于七星岩北、将军岭下采石,其质粗而色青,无蕉白、青花、火捺,亦无眼,至今名将军坑又名北岭坑也,黄冈石工尚取之。七星岩,石洁白如玉,制砚、磨朱及磬与水注诸文玩,间有黑色山水纹如大理石者,制屏风与香几诸器。小湘岩在城东二十里,产黄绿二色,石常为器具,其绿者制砚,名曰绿端,全不宜墨。其他处,余未亲历者,不敢以道路传闻附会其说焉。"

·清代钱以垲《岭南见闻》云:"水岩内有三洞,曰中、曰东、曰西,冬月水涸乃可采。自溪登岸,北行三十步,有山穹然如宝盖,其乳下垂有穴,穴高三尺,小如圭窬,是为水岩。岩口止容一人,石工裸身,先用两足投下,然后以手攀岩口,腰锤徐徐而入,匍伏行,度半里许,为中洞。从中洞左转数丈,其势趋上为西洞,洞门益狭。又从中洞右折而下五六丈为东洞。东洞临于大江矣,春夏之交,洞为江水浸灌,迨秋渐退,以匏运汲,自内达外,鱼贯接递,有如传杯,至水竭始下凿。苏东坡所谓'千夫挽绠,百夫运斤。篝火下缒,以出斯珍'而得之者。东洞今已凿穿,不可复凿,即凿亦应锤而碎,不成砚材。中洞可容六锤十二人,或四锤八人。西洞也如之。洞中幽黑,不知昼夜。熬豚膏为盘灯以烛之。凡凿各分石堂,两人共一堂,一堂一灯一锤,凿一人卧一人,彼此更替。盖洞逼,须曲背仰凿,非更替不能耐劳也。上层石质粗为天花板,最下一层,杂砂泥为砂板,俱无用。惟在

6

砂板之上一层,云气瀚郁,新泉欲流,得石之髓,三洞皆然。洞石有火捺、蕉叶白、麻雀斑、黄龙、玉带、米鼻蚀、虫蛀、凤涎、鎏金、珠砂、翡翠之属,以辨真伪。而青花、鸲鹆眼尤为至宝,不可多得。以诸品常杂见于中层,青花、鸲鹆眼独见于砂板之上一层也。三洞之石,中洞与东洞石色红而带黄,如一片鸿蒙,精华内蓄,其气深,其神穆。西洞石色如羊肝,常若在水,光彩焕发,生气上腾。其他诸坑石多产于山,石工采琢无时,朝操锤入,暮可携石而归。总之,端溪之石,得水岩而诸岩可废。"

·清代李兆洛《端溪砚坑记》云:"大西洞石上中下三层质又各异,上岩之石众美必备,惟色泽逊润,落墨易干。下岩石多水纹,面背迸透,且砂钉夹杂,欲求完璧仅矣。中层则石之腴也。老坑时有纵横纹,或黄或白,乍视似裂,而细视无瑕者,工人谓之金银线,其理甚劲而净,不以为病。有细白纹纵横三五道,白纹旁作微晕如画家渲染者谓之冰纹,洞之下入水最深处及有之,不易得也,亦非它坑所有。五彩钉亦是老坑所独有矣。老坑有眼者甚少,予见老坑数百方,有眼者才一二方耳。"

·清代吴兰修《端溪砚史》云:"老坑之大西洞无黄龙,馀三洞皆有之。黄龙者上气也,石之壮者必无此病。"

又云:"道光十二年,土人开一坑,仅得石千馀斤,多纯净天青,有鹅绒青花、金线、火捺,与老坑大西洞无异,惟色细而不腻,且多红筋,扣之作金声耳。初出,得重价,久之始辨,遂名曰猫尾坑。平心论之,佳者不下小西洞、正洞,次者犹可敌坑仔岩,匠人亦名新老坑,因不成坑,少有文字记载。"

·清代何传瑶《宝砚堂砚辨》云:"苏坑,质微硬,色纯青,青花、蕉白、天青俱似大西洞,但扣之金声。"

·《高要县志》记载:"苏坑,色青质粗,扣之作金声,虽击裂扣之亦响。有大点麻雀斑,略红,火捺略黑,白玉点略粗,散而不圆润。三层天青,有青花,略粗浮,蕉白内藏青花,亦粗浮。"

·《端溪砚坑记》云:"端溪砚石宋以前所开诸坑今已无石,间有之,石色红紫不发墨,无可取者。惟水岩为老坑,凡四洞,其小西洞及正洞已无可采,而东洞石质亦复粗燥,故今之水岩石必出自大西洞者佳。

石坑虽多,工所取者亦不过四五坑耳,麻子坑为新坑之最佳者,馀则坑仔岩、朝天岩、飞来洞、蟾蜍坑,取其石色尚类老坑也。其馀诸坑或已竭或为石压堵塞或石质不佳不利售,故莫之取。

凡砚坑不论在山顶、山下,其中无不有水,故取石必先去水。又洞中虽冬月亦暖,故入洞者无不裸体。洞中无不黑暗,故入采者无不持灯。

凡采石者先雇工、搭篷厂、储粮食、备水罐、蓄油火。工之价,日率百文,日食一升。先入洞运水,出之水涸乃采石。麻子坑涸水不过三五日,故开采工费十馀金即足。老坑须一月昼夜轮班而作,须役二百馀人,故涸水之费需千金。若采石两三月,则其费又倍之矣。"

·《高要县志》记载:"唐宋端石皆非今水岩,宣德以前所取亦非今水岩,惟万历二十八年石刻在水岩上,盖万历间始开。"

·黄钦阿《端溪砚史汇参》引潘稼堂赋云:"唐断其肤,宋入肌理,转凿转深,今得其髓也。"

按: 对端溪砚坑的记载,前人有过种种论述,绝大多数还是有根据的。综观前人记载,宋以前开坑的有下岩、中岩、上岩、龙岩、半边山诸岩、蚌坑、后历、茶园、将军坑、小湘峡。宋以后开坑的峡南有水岩、坑仔岩、宣德岩、朝天岩、麻子坑、轻石涝岩、硬石涝岩、打木棉蕉岩、飞鼠岩、青点岩、菱角肉岩、龙尾青岩、果盒络岩、白蚁窝岩、藤菜花岩、砂皮洞、文殊洞、古塔洞、屏风背;峡北有龙爪岩、七捻根岩、朝敬岩、阿婆坑;北岭有宋坑、梅花坑、锦云坑、绿石岩;西岸有苏坑、大坑头、虎尾坑、蒲田坑、黄坑等。当然,随着时间的推移,有的砚坑已材竭,有的已石压堵塞,至今仍有开采价值的已寥寥无几了。

端砚石产区位于广东省肇庆市东郊羚羊峡东端南岸端溪水一带,以及七星岩背后的北岭山,其间方圆近百平方公里。以端溪水为界,端溪水以西石质欠佳,端溪水以东石质明显优于西部,端溪名坑就分布于此间,老坑便在端溪以东,邻近溪水出口处。沿溪而上,位于端溪以东的山麓、中腰或山坳间有坑仔岩、麻子坑、古塔岩、宣德岩、朝天岩等。据地质勘探,端石矿区分三个含矿层,老坑属该砚石产区含矿层中第一含矿层,位于含矿段的最下部。砚石层的走向如金银矿之砂路,厚度为 40 厘米 ~60 厘米不等,有的仅 10 厘米 ~20 厘米,甚至断脉。尽管这样,可采石材亦有好石烂石之分,有佳石次石之别,特别优质的真可谓百中无一,即使现代能机械排水、电灯照明的情况下,一岁之中亦只得三四十片而已。

端石始开于唐武德年间是公认的事实,下岩(老坑)始开于何时,尚有争议。但有文献记载,下岩在宋治平四年曾闭坑,所以下岩始开于宋治平四年之前应是不争的事实。元代未组织开采。明永乐年间重开水岩西洞;宣德六年刘铭、栗友、玉英、玉莹等奉诏重开水岩;万历二十七年,李敬重新开坑采石;万历二十八年又重开水岩。清顺治四年至康熙三十一年曾先后六七次开坑;康熙三十八年景日畛开坑;雍正三年开坑;乾隆十七年吴绳年开水岩;乾隆四十二年杨景素开水岩;乾隆四十七年又开坑;嘉庆元年庆玉开坑;嘉庆六年杨有源开坑;道光八年陈诠开坑;道光十三年、二十一年庐坤先后两次开坑;光绪十五年张之洞开坑。民国未开采。新中国成立后,于 1972 年重开水岩,2000 年因材竭而关闭。现在仍在开采而石质又佳的有麻子坑和坑仔岩,其次是朝天岩、古塔岩、白线岩诸坑。位于七星岩后面的北岭山一带的宋坑(包括盘古坑、陈坑、伍坑、蕉园坑等),盘古坑砚石亦近枯竭,伍坑、陈坑现在还可采石。此外,在原高要县沙浦洮溪有典水梅花坑、绿端等砚坑正在开采,并大量充塞目前市场。为保护砚材,防止滥挖乱采,当地政府现已决定暂时封闭诸砚坑,待规划后再恢复开采。

古人也好,今人也罢,说起端石诸坑来,往往头头是道。尤其论起老坑来,更是连篇累牍,众说纷纭。若是道听途说,其说就不足为凭了。而到过肇庆,开过砚坑,玩过老坑石的人,也往往都是就坑论砚,各抒己见。因此想要从众多端砚中分辨出坑别来,就不那么容易了。因为随着时代的变迁,坑名在改变,即使同一砚坑,年代不同,石质、石色、石品亦有异同。不同砚坑又有类似的石色和许多相同的石品花纹,故以砚论坑难度很大,实属不易。

歙　砚

·据清代马丕绪《砚林脞录》记载:"唐侍读《砚谱》云:'二十年前,颇见人用龙尾石砚,求之江南故老,云昔李后主留意翰墨,用澄心堂纸、李廷珪墨、龙尾砚,三者为天下冠,当时贵之。自李氏亡而石不出,亦有传至今者。景祐中,校理钱仙芝守歙,始得李氏取石故处。其地本大溪也,常患水深,工不可入。仙芝改其流,使由别道行,自是方能得之。其后,县人病其需索,复溪流如初,石乃中绝。后邑官复改溪流,遵钱公故道,而后所得尽佳石也。遂于端石并行。按图经,龙尾山在婺源县长城里,唐开元中,叶氏得其地尝取石为砚,不见称于世,故无闻焉。"

·苏易简《砚谱》云:"龙尾山石亚于端溪,今虽多故坑,无有石出。环县皆山也,而石虽它山,实龙尾之支脉,俱得谓之龙尾。龙尾山亦名罗纹山,下名芙蓉溪,石坑最多,延蔓百馀里,取之不绝。眉子坑在罗纹山之西,从溪下至坑十馀丈,坑中无土,深丈馀,阔二三尺许。罗纹里山在罗纹山后。罗纹旧坑地名塞头,即钱云所访南唐采石故坑也。水舷坑在眉子坑外,临溪,至冬水涸方能取之,入地丈馀,石多金花。水蕨坑在罗纹山西北,其理若浪。溪头坑在金星坑之北五里,金星虚慢。叶九坑在溪头之西百里,亦有眉子,其理粗慢,与溪头坑石相上下。金星坑在罗纹山西北,相去四五十丈。驴坑在县西北七十里,景祐中曹平为令,后王君玉为守,嘉祐中刁璆为尉,皆取之,其石青中绿晕。济源坑在县之正北,三坑相连。碧里坑在济山上,色理青莹。相去半里,有水步坑,大雨点石。十里外,有里山,石青细,有金纹花晕,其状奇怪不常。洞灵岩在县北一百二十里,三洞相连,石产于岩之左右,无定所,色拟端溪,粗而燥,复多瑕璺。溾石出衢州开化县界,斑若玳瑁然。麻石三尺中隐砚材数寸而已,犹玉之在璞也。坑往往在溪涧中,至冬水涸,合三二十人方可兴工,每打发一坑,不三数日必雨,雨即坑垅皆湮塞。较其工力，倍金银。坑中取矿者，此其所以贵也。往时必先祠以中牢，方免诸患。龙尾石多产于水中，故极温泽，性本坚密，扣之其声清越，宛若玉振，与它石不同；色多苍黑，亦有青碧者。采人日增，石亦渐少，有得之岩崖中者，色白而燥，殊不入用。驴坑石色青绿晕，今不复出。枣心青润可爱，中有小斑纹，中广，上下皆锐，形若枣核，然虽少疵瑕，多失之顽固。"

·《歙州砚谱》云："洞灵岩紫石如肝，今产浮梁县岩岭处。"

·宋代杜绾《云林石谱》云："徽州婺源石，产水中者皆为砚材，品色颇多，一种石理有星点，谓之龙尾，盖出于龙尾溪。其质坚劲，大抵多发墨，前世多用之，以金星为贵，石理微粗，以手攀之，索索有锋，钑者尤妙，以深溪为上。或如刷丝、罗纹、枣心，或如瓜子，或如眉子两两相对，一种色青而无纹。又祁门县文溪所产石，紫色，理润发墨，颇与后历石差坚。近时出处，价倍于常，工人各以材厚大者为贵。又徽州歙县地名小清出石亦青润，可作砚，但石理颇坚，不甚锉墨，其纹亦有刷丝者，土人不知贵也。"

·宋代赵希鹄《洞天清禄集》云："歙溪龙尾旧坑色淡青黑，湛如秋水，并无纹，以水湿之，微似紫，干则否；细润如玉，发墨如泛油，并无声，久用不退锋，或有隐隐白纹成山水、星斗、云月异象，水湿则见，干则否。此亦是卵石，故难得，大者不过四五寸，多作月砚，就其材也。龙尾旧坑虽极细，犹微涩墨。南唐时方开龙尾旧坑，今已无之。新坑色亦青黑，无纹而粗燥，砺墨退笔，久用则钝乏，有大盈三尺者。

歙溪罗纹、刷丝、金银间刷、眉子四品，旧坑并青黑色，纹细而质润如玉。罗纹真如极细罗，刷丝如发密，眉子如甲痕或如蚕大，金银间丝亦细密，久用不退锋，磨墨无声，无阔大者。然皆次于龙尾旧坑，亦南唐时开坑，今已无，如得之，贵重不减龙尾旧坑四品。新坑纹粗而质枯燥，且不坚。眉子大者或二三寸，刷丝每条相去一二分，罗纹如罗袱纹，拒墨如锯，久用退乏光硬，大者盈一二尺。金星新旧坑并粗燥，淡青色。虽金星满面，然砺墨退笔，久用退乏，大者盈尺。"

·宋代欧阳修《试笔》云:"当南唐有国时,于歙州置砚务,选工之善者,命以九品之服,月有俸廪之给,号砚务官。"

按:龙尾砚因产自龙尾山而得名,早在唐宋时就备受人们推崇。婺源(今属江西省)在历史上为安徽古歙州之辖地,以州名物,故龙尾砚又称歙砚。人们普遍认为,歙砚石始采于唐,盛于宋。其实五代十国时期,由于歙州属南唐叶边三十五州之一。南唐统治者重视发展生产,经济文化出现了繁荣景象,未受到当时政权割据、相互混战的影响,歙砚石的开采反而进入一个黄金时期(宋人著作中多有记载)。这时,砚材由官方组织开采,一些优质坑口如眉子坑、罗纹坑等相继开凿出来,歙砚名声日著。经过五代十国时期的铺垫,至宋代,歙砚生产已发展到鼎盛时期。先后开发了水舷坑、水蕨坑、眉子坑、驴坑、济源坑、碧里坑、溪头坑、叶九坑等。但由于大规模开采,一些储量较小的砚坑便开采殆尽。至南宋,正像《石林避暑录》中所述:"歙砚久无良材,罗纹、眉子不复见了。"元代以后,歙砚的生产逐渐走下坡路。新中国成立以后,从1963年起又恢复了歙砚的开采和生产,可以说又进入了一个新的繁荣时期。

龙尾山,又称罗纹山,坐落在婺源县溪头乡,"高二百仞,周三十里",延伸于大畈乡、浙源乡境内。依山建有砚山、外庄、岭背、溪头、龙尾、砚山底、驴坑等村庄。以砚山村为中心,许多名砚坑就在其周围。

眉子坑,在罗纹山中,唐开元时开采,宋代前期继续开采,以后未见再采,直到1984年重新开采,但不到一年又难得佳石了。

罗纹里山坑,位于砚山村二三千米处,外庄村的对面山上,南唐时开发,后无再开采。

罗纹坑,位于眉子坑东侧,南唐时开发,现仍在开采。

水舷坑,位于眉子坑之下至山底的芙蓉溪旁,南唐时开,宋代钱仙芝组织石工采石之坑,现代续采,后因难得佳石而停采。所出石品为金星、金晕、水波罗纹等。

水蕨坑,位于水舷坑对岸,宋代开坑,后废不取。1988年重开,所出之石品有金星、金晕、眉纹、粗罗纹等,但石层中多夹有白石英。

溪头坑,在龙尾山之北,离眉子坑1000米左右,宋时开发,后几乎停采,现代仍开采,但产量不高。所产石品有金星、金晕、罗纹,但石质多粗松。

金星坑,又称罗纹金星坑,在龙尾山东北面,距罗纹坑150米左右,宋时开发,后砚坑崩塌,停采至今。

驴坑,宋景祐年间开发,后停采至今。

济源坑,位于今大畈乡济溪村的后山上,宋时开发,而后停采,现已重新开采,并为产量最大的砚坑之一,石品有鱼子纹。

碧里坑,在济溪村的河对岸,宋时开发,后屡停屡开,现已停采。所产石品有金星、金晕、罗纹,多数石质粗松,色淡。

另外,在外庄村后山的两面各有砚坑两处,现已开采,所产石品主要为罗纹,少数有金星、金晕,石质粗松。

歙砚究竟有无水坑,只有文字记载,未见到实物。我收藏的几方古歙砚,有的呈青灰色,有的呈淡紫色,但有一个共同点,就是比一般歙砚石质更细密、坚润,扣之铮铮,可谓"金声玉德",具有歙州水岩之特征。

洮河砚

·《洞天清禄集》记载:"洮河石北方最贵重,绿如蓝,润如玉,发墨不减端溪下岩。然石在临洮大河深水之底,非人力所致,得之为无价之宝。"

·《砚林脞录》记载:"洮河出绿石,性软不起墨,不耐久磨。"

按:有关洮河石的文献记载不多,给研究古洮砚带来诸多困难。洮河是黄河的支流,发源于甘、青两省边境的西倾山东麓。洮河绿石就产于洮河两岸。据民间所传,洮河绿石曾采于大河之底,也即采于喇嘛崖之下,但老坑遗址早被流沙掩埋。可以想象,当时与现在相比,河水更深,水流更急,在此深水之下曾开凿过佳石。距河面100多米处,也有砚石开采,曾产出过鸭头绿、柳叶绿、瓜皮黄、玫瑰红等佳石。此坑在北宋时期产量就很少,现在虽然也在开采,但岩盘松动,极其危险,产量逐渐减少,上等石料更是难得。

现在大的坑口有四处,玫瑰红一个坑口,鸭头绿三个坑口。据说其他还有六处,零星分布于山腰、山坳中。

水泉岩为明代所开砚坑,位于洮砚乡到喇嘛崖途中的右侧山腰部,这里采出的鹦鹉绿为最上品,石纹以云连纹为主,比宋代老坑产的玫瑰红石质还佳。一般来说,宋坑石质坚润,明坑石质较软。

此外,还有清代开发的砚坑,有的现在仍在开采。不过现在开采的石材很少有佳石,以绿洮居多,大都石质粗松。

根据文献记载,历代开凿洮河石的产量都不大,流传下来的古洮砚,特别是那些佳石精品,更为稀见。我有幸收藏有四方古洮河石砚,一方是插手形,四边内敛,具宋砚特征,系洮河石中的湔墨点,石质略显坚润。另外三方分别是绿漪石、瓜皮黄、玫瑰红,石质均温润柔软,有的还附着黄褐标,更显名贵。

红丝砚

·宋代唐询《砚录》记载:"红丝石红黄相参……石工苏怀玉言,州西四十里有黑山,山盘折而上五百馀步,有洞狭,容一人。洞前大石敧悬,石生于洞之两壁,洞口绝壁旁有镌字,唐中和年采石所记。苏工得石四五寸,旋加磨制,文华缎,声清越,墨膏浮泛,蒸濡如露,异于它石。一日洞石摧,遂绝。"

·《云林石谱》记载:"青州红丝石产土中,其质赤黄,红纹如刷丝萦绕石面,而稍软,扣之无声,琢为砚,先以水渍之乃可用,盖石质燥渴,颇发墨。"

按:红丝石砚产于山东,其名声在唐宋时期几成绝响。然而,到了宋代中晚期,因砚材近乎绝迹,最终被排除在四大名砚之外。据说现在的采石坑开采于1995年。20世纪70年代开采的红丝石石色较重,也不在老坑开采,经过数百年的变迁,宋代老坑已成废墟。据说红丝砚石从未成规模开采过,但当地百姓零星开采几乎未曾停止。虽说传世品不多，但在民间时有发现，所以能收藏几方古红丝砚确实难能可贵。历史上，能制砚的石材多达百馀种，仅山东而言，除红丝砚外，还有松花石砚、淄石砚、驼基石砚、薛南山石砚、徐公石砚、龟石砚、尼山石砚等数十种。全国各地也出了不少名砚，有苏州灵岩山产的嶀村石砚(亦称澄泥石砚)；北京门头沟产的潭柘紫石砚；江西修水县产的赭砚，庐山产的金星宋石砚，浙江绍兴产的越石砚，砚山产的西砚；安徽宿州产的乐石砚；湖南长沙产的谷山石砚，浏阳地区产的菊花石砚；贵州巩县产的思州石砚；河南济源县产的天坛石砚；四川产的苴却石砚，嘉陵江石砚，金音石砚，蒲石砚和万州产的黑石砚；宁夏贺兰山产的贺兰山石砚；河北易县产的易水石砚；山西定襄县文山产的文山石砚(即五台山石砚)等。(关于现仍在开采的砚坑情况，可参看刘演良、胡中泰编著的《石砚品鉴与收藏》一书中有关内容。)

石品说

端砚石品

端砚石品有青花、鱼脑冻、蕉叶白、天青、冰纹、冰纹冻、火捺、胭脂晕、马尾纹、石眼、翡翠纹、金线、银线、黄龙纹、玉带、麻雀斑、猪鬃眼、油涎光、五彩钉、珠砂斑、砂钉、虫蛀等。

·清代屈大均《广语》云："青花微细如尘，隐隐浮出，或如虮虱脚者为上，粗点成片者次之。盖石极细乃有青花，青花者石之精华也。"

·清代朱彝尊《曝书亭集》云："沉水观之，若有蘋藻浮动其中者是曰青花。试以墨，若熬釜涂蜡者，然斯为美矣。"

·清代吴兰修《端溪砚史》云："青花欲细不欲粗，欲活不欲枯，欲沉不欲露，欲晕不欲结，欲浑不欲破，如尘翳于明镜，如墨沉著于湿纸，斯绝品矣。"又云："青花以微尘为上，鹅绒次之，蚁脚又次之，次则鹅绒结，次则玫瑰紫，次则蝇头，以大小相杂为佳，成片成行,枯而燥者皆不足重。"又云:"端石精妙尽在青花,以细为上,其至碎者如纤尘之蒙,如淡墨之晕,此乃绝品,非其质本黑,云黑如漆者,误也。"

• 《砚坑志》云:"又有一种青花如冬瓜瓤。还有一种如五色云霞,一片磅礴之气,殊不可见。"

• 《端溪砚坑记》云:"青花粗点丛杂者弗贵也,惟浮沉石面,零星隐现,谛视之如发丝、如鼠迹、如蝇翅间错成文者良。"又云:"石之细玩可爱者无如青花,隐浮于青紫之上,似黑非黑,如纱如縠,如藻如波,映日视之,五色鲜润。其成点者,谓之青花结,色稍黑矣。"

• 《端溪砚史汇参》云:"青花有两种,一为淡白青花,一为紫玉青花。"

• 《砚林脞录》云:青花系"石之极细处,精华所发也,以朱碧蒨丽、紫翠欲滴者为佳,如寒波细藻、轻烟微尘隐约乎中者品上上。如蘋如藻、若雾若星浮动乎中者次之。如东瓜瓤、如石花菜微露乎中者又次之。若粗大模糊、枯暗不鲜、间有黄星密洒,非旱坑中之白婆墦即屏风背,品为下矣。"

• 《端溪砚史》云:"一种生气团团圝圝,如澄潭月漾者曰鱼脑冻,错落疏散者曰碎冻。"又云:"冻者水肪之所凝也,白如晴云,吹之欲散,松如团絮,触之欲起者是无上品,惟大西洞有之。洁白疏散者谓之碎冻,亦复佳。灰色、褐色为下品。"

• 《端溪砚坑记》云:"四围有火捺,中晕白如脂者曰鱼脑。其论石以鱼脑为贵,然鱼脑极大不过三四寸,而四围火捺极难得纯浮。又鱼脑心中每有砂蛀,求大片鱼脑且无砂蛀,千不得一。鱼脑黄色则又不贵矣。"

• 《砚林脞录》云:蕉叶白乃"石之最嫩处,膏液所成也,以纯洁明莹大片无斑驳者为佳。然亦有数种如剖生鱼肉之纯白者,旧坑有之;如羊肝带血之微红者,西洞有之;如葡萄初熟之微紫者,正洞有之;如青砖带水之微黑者,新坑有之。以上五种四旁必有火捺之气散开,掩映于上。惟东洞蕉叶白色微青而带红艳,以有青花品上上。旧坑及正洞、西洞亦鲜洁蒨丽,故次之。新坑虽润泽细腻,但久用退乏,又次之。惟白中微黄是旱坑中朝天岩、白婆墰、哑婆墰、企文坑等处所产,多横纹,更多蕉黄色细纹纵横于腠理,色晦气黄,亦枯槁不润,品为下矣。"

·明代陈子升《砚书》云:"蕉叶白浑成一片,嫩净如柔肌、如凝脂,温而泽、沉而密,注视之,深深然,隐隐然,如见其里,惟水岩为然。朝天岩虽有蕉叶白,然浅而露矣。"

·《广语》云:"蕉叶白者石之嫩处……此石乃在穷渊水之所凝,云之所成,玉而非玉,冰而非冰,水为其气,云为其神。其石之质欲化,而冰之体益坚,此其端溪之精英,其价过于瑶琼者也。"

·《端溪砚史》云:"蕉叶白如蕉叶初展,含露欲滴者上也;素而洁者次之;黄而焦、蓝而灰者为下。"

·清代朱彝尊《说砚》云:"紫气既竭,白气次之,谓之蕉叶白。"

·《端溪砚坑记》云:"石之青紫者曰天青。"

·《端溪砚史》云:"天青如秋雨乍晴,蔚蓝无际者上也;阴而晦者为下。"

·《高要县志》记载:"大西洞三层冰纹洁白如蛛丝网,纵横密布,它洞所无。"

·《端溪砚史》云:"白晕纵横,有痕无迹,细如蛛网,轻若藕丝,是谓冰纹,亦曰冰纹冻,即大西洞亦不多有也。它洞白纹如线,适损毫颖,非所尚矣。"

·宋代叶樾《端溪砚谱》云:"火黯一名熨斗焦,斜斑处如火烧状,端人不以为病,盖岩石必有之,它山石皆无。"

·《砚坑志》云:"如马尾临风,飘扬无定,为马尾火捺。或如五铢钱四轮有铓,色淡而晕,为金钱火捺,俱可贵。如火烧漆器,或坚黑如铁,名铁捺,俱凝墨不取。"

·《端溪砚史》云："鱼脑、蕉白之外，有细缕围之，丝丝如理发者，谓之马尾纹。其外有紫气围之，艳艳若明霞者谓胭脂晕，此大西洞绝品，它洞所无。凡鱼脑、蕉白必有火捺围之，尤难得者马尾纹耳。石有胭脂火捺者必壮，故石工尤重之。"

·《广语》云："火捺者，石之坚处血之所凝，故其色紫或黑。"

·《砚林脞录》云："石之微坚处，血气所凝也。以红晕艳发，绚彩熊熊，不踞墨窝者为佳，或如轻霞蔚起，或如血晕散开，掩映乎旁，性与石等者品上上。或散若马尾或聚若金钱，点缀乎上，性微坚者品中中。若蜡炬之烧恶璧，若熨斗之焦几案，成结不运，性极坚者，品下下。"

·宋代张世南《游宦纪闻》云："石之青脉者必有眼，嫩则多眼，坚则少眼。石嫩则细润发墨，所以贵有眼，不特为石之验也。眼之品类不一，曰鸲哥眼，曰鸲鹆眼，曰了哥眼，曰雀眼，曰鸡公眼，曰猫眼，曰绿豆眼，各以形似名之。翠绿为上，黄赤为下。"

·宋代李之彦《砚谱》云："圆晕相重，黄黑相间，鳖睛在内，晶莹可爱，谓之活眼。四傍浸渍，不甚鲜明，谓之泪眼。形体略具，内外皆白，殊无光彩，谓之死眼。活胜泪，泪胜死，死胜无。"

·《端溪砚史》云："李谱辨活眼、泪眼、死眼甚精，惟云死眼胜无眼太过。眼不活则混杂无光彩，不如无眼。"

·《砚书》云："或曰石贵有眼，或曰眼为石病，均非笃论，贵石质精美耳。盖自全岩言之，则灵秀之气结而成眼，然石随斧剖，不逾径尺取合砚度石之精粗，未必皆与眼相附，即眼亦有高下也。眼贵有睛，贵绿色，贵多层。黄色者次之，枯者为下。眼生石中如珠圆，琢砚者须磨至半则睛见，过半则睛去矣。砚心不宜留眼，以墨污不堪玩，且磨墨已久，砚凹睛亦随去。"

·清代景日畛《砚坑述》云："佳石虽无眼，可用；而佳眼，非好石则不可用。故古人重质不重纹也。"

·《曝书亭集》云:"凝绿若洒汁,谓之翡翠。"

·《砚坑述》云:"翡翠有重绿、浅绿两种,或成块或斜纹,无妨于墨,惟不饰玩耳。"

·《端溪砚史》云:"石不成眼者为翡翠,点长者为翡翠纹,皆同一筋脉。宋谱云端人谓青脉为眼是也。深绿、浅绿者尚足观,黄碧色为下。"

·宋代苏易简《文房四谱》云:"脉理黄者,谓之金线纹。"

·《砚录》云:"石有金线,此正为病,端人所不取。"

·《端溪砚谱》云:"灰黄色如龙蛇,横斜布石上,曰黄龙。"

·《说砚》云:"黄气横其上若虹,谓之黄龙;若缕,谓之金线。"

·《宝砚堂砚辨》云:"银线、金线、水线,惟银线尚细密不损毫,馀皆粗疏,摩之触手。"

·《曝书亭集》云:"白凝于线,纤而长者谓之玉带。"

·《宝砚堂砚辨》云:"有白筋大于金线约一倍者曰白间纹,微夹一缕嫩青者曰青间纹,今皆谓之玉带。"

·《曝书亭集》云:"点墨斑相比者,谓之麻雀斑。"

·《端溪砚史》云:"斑点稍长成行密比者,谓之松皮纹,与麻雀斑同病。"又云:"独鬃眼如拔去猪鬃毛孔,石理不凝结,故有此病。"又云:"油涎光如油著水面,坚滑不受墨,老坑之病以此为最。"

·《说砚》云:"丹若粟者谓之珠砂斑。"

·《端溪砚史》云："珠砂斑拒刃,四洞皆有,大西洞尤明润。"

·《砚坑述》云："砂钉大如指头,顽硬如钉。"

·《广语》云："剥蚀如虫啮,谓之虫蛀。"

歙砚石品

歙砚石品有细罗纹、粗罗纹、暗细罗纹、刷丝罗纹、金花罗纹、金晕罗纹、金星罗纹、筭条罗纹、角浪罗纹、瓜子罗纹,细枣心、粗枣心、对眉子、锦蹙眉子、金星眉子、鳝肚眉子、雁湖眉子、绿豆眉子、金花眉子、短眉子、长眉子等。

·《砚林脞录》云："石纹如罗縠精细,其色青莹,其理紧密、坚重、莹净,无瑕璺,乃细罗纹。似细罗纹,而纹理稍粗,乃粗罗纹。罗纹虽细,晦而不露,纹理隐隐,石色微青黑,乃暗细罗纹。石纹精细缠密如刷丝,乃刷丝罗纹。罗纹地上间有金花乱点,大细不常,如画工销金,乃金花罗纹。金晕数重如抹画者,或晕如卵形及杏叶,皆重叠数重,乃金晕罗纹。细金点如散星者,有金抹如眉子者,有黄抹金纹、长短不定者,乃金星罗纹。比刷丝纹理疏而粗大,正如排筭子,乃筭条罗纹。直纹数路,如角浪然,乃角浪罗纹。比细罗纹尤细,狭如瓜子者,乃瓜子罗纹。"

又云："无罗纹而石纹两头尖如枣核,乃细枣心。较细枣心而粗乃粗枣心。纹理横细如晴昼,微风清沼涟漪之纹,为水波纹。石晕如画云气,间以金晕如锦蹙然,为锦蹙纹。"

又云："石纹如人画眉而细,遍地成对者,为对眉子。石纹横如眉子,间有金晕,为锦蹙眉子。眉子疏匀,而有金星间之,为金星眉子。眉子疏而匀,石纹如鳝肚纹,间有金星、金晕者,为鳝肚眉子。砚心有纹晕如汪池,四外眉子密密如群雁飞翔之状,为雁湖眉子。石理稍黑微暗,而斑内有短密眉子纹,为绿豆眉子。眉子石中有金花、金晕者,为金花眉子。眉子密短而匀,为短眉子。眉子长而差大,为长眉子。细罗纹而温润,乃罗纹下坑石,为泥浆。"

·《墨馀赘稿》云："南唐时,古歙州枣心坑采石为砚,有青红丝环绕,色艳而制古,目中绝少之物。"

洮河砚石品

洮河砚石品有鸭头绿(绿漪石)、柳叶绿、湔墨点绿、瓜皮黄、猿头斑、虮子纹。

·《洞天清禄集》云:"洮河石北方最贵重,绿如蓝,润如玉,发墨不减端溪下岩。"

·《砚林脞录》云:"洮河绿石砚猿头斑、瓜皮黄、虮子纹者佳。"

·明代李日华《六研斋三笔》云:"洮河石三种,黄白碧皆浅淡有韵。"

·宋代高似孙《砚笺》云:"洮河石,石理齿,可砺,深绿可爱,有波纹,小黑点,谓之湔墨点绿者。"

红丝砚石品

红丝砚石品有红丝黄底、黄丝红底、石线等。

·《砚林脞录》云:"红丝石红黄相参,不甚深理,黄者丝红,红者丝黄,其纹匀彻。"

·《砚史》云:"红丝石作器甚佳,大抵色白而纹红者慢。"

按:前人对石砚,特别是对端砚、歙砚、洮河砚、红丝砚的评价、鉴赏、使用和收藏,除了因其石质精良、发墨不损毫外,在很大程度上还取决于其中各式各样的石品花纹。所以如此,一方面是因为石品花纹跟石质优劣有一定关系(以端石为例,凡是具有青花、冰纹、鱼脑、蕉白和胭脂火捺的端石,石质一般都很精良);另一方面是因为石品花纹有点缀和装饰的作用。

地质研究告诉我们,砚石的各种石品花纹的形成,主要是由砚石形成的地质成因物征所决定的。如端砚砚石中的石品花纹主要是在沉积条件下产生的。在沉积岩的形成过程中,矿物迁移、聚集可以形成同生结核,近于圆形的结核就是所谓的石眼,不规则形态的即为翡翠纹等其他石品花纹。从地质学的角度看,端砚中有的石品花纹在其他砚石中也应存在,事实上像茝却砚中的石眼,洮河砚中的虱子纹,淄石砚中的鱼脑冻等,跟端砚中的石眼、青花和鱼脑没有多大区别。不同的是,这些石品花纹附着在石质特别细腻的端石上就显得若隐若现、鲜活生动;若附着在其他砚石上,这些石品花纹就显得枯燥死板。其实,作为书写工具的砚台,如果石品花纹有碍于使用,有不如无。米芾在品评石砚的石品花纹时说:"石理发墨为上,色次之,形制工拙又其次,文藻缘饰虽天然,失砚之用。"此话不无道理。清代景日昣也说:"佳石无眼,可用;而佳眼非好石,则不可用,故古人重质不重纹也。"在鉴藏古石砚的过程中,常常会发现,明代以前的石砚,其石品花纹都在墨堂以外或砚阴处,只起装饰作用;明代以后,特别是近现代的石砚,其石品花纹往往都在墨堂内最显眼的位置。这也可以作为鉴别古石砚的参考依据。

鉴赏说

·《砚谱》记载:"端石莹润,惟有铓者尤发墨;歙石多铓,惟腻者佳,盖物之奇者,必异其类也。"

·宋代欧阳永叔云:"端石以子石为上,在大石中生,盖精石也,流俗讹为紫石。又以贮水不耗为佳,有眼为贵,眼实病也。官司岁以为贡,在它砚上。然十无一二发墨者,但充玩好而已。"

按:佳石的外层往往被它石包络,将其视作子石亦未尝不可。但端溪石的基本色调就是紫色,所谓"将子石讹为紫石"说,就未必是事实了。发墨非铓墨(下墨),所云"十无一二发墨者",也有失偏颇。

·《端溪砚谱》云:"凡有眼之石,在本岩中尤缜密温润,端人谓石嫩则眼多,老则眼少。嫩石细润发墨,所以重有眼也。青脉者必有眼,故腰石、脚石多有青脉。端人谓青脉为眼脉。"

按："青脉"、"眼脉"实指翡翠纹，可见翡翠纹与石眼属同生物，只不过生成的形状不同而已。所云"石嫩则眼多，老则眼少"，未必尽然。梅花坑的石眼很多，但其石质粗松易裂，故石眼与石质优劣没有必然的联系。

·清代施闰章《砚林石遗》记载："沈正岳尝亲见一人凿石水底，得尺许如红玉，软如土坯，掬而出之，登岸乃坚，其手摸处划然指痕。"

按：原以为此论属无稽之谈，其实不然。我曾多次赴吾乡产砚之地——定襄县河边村石砚厂访问，老砚工对我说："石料在坑下是比较软的，用手指掐捏可显指甲痕，但见风后便由软变硬。"他给我取出一方已制好的石砚，上面还有大小不等的石眼，他说这方砚石在坑下时就比现在软。我用手试之，真有一种泥质的感觉，便将其购回，作为研究砚石的实物依据。看来古人的一些论述，并非空穴来风。

·《砚史》云："余尝至端，故得其说详。下岩第一，穿洞深入，四时皆为水浸。治平中贡砚，取水月馀，方及石。石细，扣之清越。鸲鹆眼，圆碧多晕，明莹。石嫩甚者，如泥无声，不着墨。"又云："大抵石之发墨久不乏者，石必差软，扣之声低，渐久渐凹。不发墨者，石坚，扣之坚响，稍用如镜，走墨。"

·清代计楠《石隐砚谈》中称："水岩石之嫩者其声清远，嫩如泥者其声静穆，东坡称其声磬，米氏称下岩石细，扣之清越是也。"

·《端溪砚史汇参》云："凡石老者，以指弹之，其声坚实；中和者，其声清圆；过嫩如泥者，无声。"

·《端溪砚史》云："石以木声为上,金声、瓦声为下。"

按:由此可推断"宋无水岩"说谬矣。古人论砚往往有"磨无声,扣之亦无声"之说,后人不可理解。米氏在其《砚史》中作了诠释,泥声即无声。石声与石质的成份、结构、细密程度以及薄厚大小均有关系,故以石声定石质的优劣有失偏颇。一般来说,凡坚密细润者为金声,凡含泥质成份多而软嫩者为泥声(木声),中和者为铃铃声。金声者未必不是佳石,古人论砚就有"以色纯而润,质坚而细,扣之铮铮者为上"的论断。清代陆树声在其《清暑笔谭》中也说:"砚材惟坚润者良,坚则致密,润则莹细,而磨墨不滞,易于发墨。故曰坚润为德,发墨为才。"此论不无道理。凡事都不可绝对,这里有一个共性与个性的问题。

·唐李贺《紫石砚歌》云："端州石匠巧如神,踏天磨刀割紫云。傭刓抱水含满唇,暗洒苌弘冷血痕。纱帷昼暖墨花春,轻沤漂沫松麝薰。干腻薄重立脚匀,数寸光秋无日昏。圆毫促短声静新,孔砚宽硕何足云。"

·唐刘禹锡《谢友生遗端溪砚》云："寻常濡翰次,恨不到端溪。得自新知己,如逢旧解携。娲天补剩石,昆剑切来泥。著纸痕犹湿,经旬水未低。阿云滋柱础,笔彩饮虹霓。鸲眼工谙谬,羊肝土乍刲。连渐光比镜,囚墨腻于磎。磋小金为斗,泓澄玉作隄。"

按:从上述两位唐代名人对端溪砚的品评来看,唐代中晚期人们不仅普遍使用端砚,而且对端砚的认识已很到位。如《紫石砚歌》中"傭刓抱水含满唇,暗洒苌弘冷血痕"和《谢遗端溪砚》中的"著指痕犹湿,经旬水未低"等句,均道出了优质端砚的石品和特性。

·《端溪砚谱》云："大抵石性贵润,色贵青紫。石性润则青紫色,干则灰苍色,枯则褐黄色。"

·《端溪砚史》云："石色白为上，青次之，紫又次之，灰、苍、黄、褐为下。如云之英英，水之渊渊者，色之上也。如陈泥、如槁木，索无生气者，色之下也。生气既尽，虽白与青亦弗贵也。"又云："绿端石出羚羊峡，亦有水坑、旱坑之别，水坑为砚，润而发墨，旱坑为玩好之器。"又云："青花者石之荣，鱼脑、蕉白者石之髓，天青者石之肉。"又云："大西洞以鱼脑带青花者为极品，次则蕉白带青花，次则天青带青花，次则鱼脑、蕉白、天青无青花者。若冰纹带青花乃千百中之一二，谓之绝品可也。"

·《砚坑述》云："火捺纹，赤暗如云，形硬不宜墨。然在边隅则贵，此纹惟坑石有之，以是辨真赝也。"

·明代方以智《通雅》云："水岩以蕉叶白、火捺纹为真。"

按：此论差也。水岩石品有蕉叶白、火捺纹，但具有蕉叶白、火捺纹者，并非都是水岩。像朝天岩、哑婆墥、白婆坑、坑子岩等坑都有蕉叶白、火捺纹。不过下岩的蕉叶白洁白鲜嫩，火捺纹如胭脂般鲜活。

·《砚坑述》云："论砚有六要，一要质，二要材，三要眼，四要位置，五要体式，六要琢磨。"

·陈恭尹《端溪砚考·跋》云："砚之用，发墨、不损毫，二者尽之矣。不损毫常砚皆能之，惟发墨之妙，非亲试水岩不知也。它砚粗则锉墨，细则拒墨。水岩则不然，玉肌腻理，扪不留手，著水研墨则油油然，若与墨相恋。"

·《端溪砚史》云："凡试砚，与墨相受如忘其石，与手相和如忘其力者，良砚也。"又云："西洞水岩砚之美，外具细润，内含真蕴，似刚而柔，似滑而腻，种种精华发越之处，可意会不可言传。"

·清代渔阳公《石谱》云:"体重而轻,质刚而柔,摩之寂寂无纤响,按之若小儿肌肤。温软嫩而不滑,秀而多姿,握之稍久,掌中水滋。"又云:"似玉非玉,似冰非冰,晶莹其质,鲜活其神。"又云:"水坑之佳者,下墨、发墨二者相兼。"

·清代陈龄《端石拟》云:"水坑有八德,其一曰历寒不冰质之温,二曰贮水不耗质之润,三曰研墨无泡质之柔,四曰发墨无声质之嫩,五曰停墨浮艳质之细,六曰获毫加秀质之腻,七曰起墨不滞质之洁,八曰经久不乏质之美。"

·清代高兆《端石考》云:"端石有五质,水质为上,此水之质也,水之精华所结,虚而为云,实而为石,人见以为石,我见以为水,故以水肪称之。"又云:"近出如哑婆、朝天岩亦有青花、蕉白,老坑究何以辨?余谬以三言辨之,仍曰其色鲜、气润,而加一言,曰其情糯而已矣。"

·《砚林脞录》云:"昔之评砚者有三,青州、歙州、端溪也,以端溪为最。端之产砚有三,上岩、中岩、下岩,以下岩为最。下岩之砚有三,青花、蕉白、火捺,以青花为最。水岩之妙有三,能蓄水、不拒墨、不损毫。"

·《事类赋》云:"取端溪者,价重千金。"

·《砚史》云:"端州岩砚,平生约见五七百枚,十千以上可估。歙州婺源石,幸完好,值五七千以上。"

·《端溪砚谱》云:"砚之价,下岩北壁水底脚石,十倍于下岩南壁石。下岩南壁石,十倍于中岩北壁石。中岩北壁石及半边山南诸石,倍于中岩南壁石。中岩南壁石及半边山北诸石及龙岩石,倍于上岩诸石。上岩诸石倍小湘。小湘倍后历、蚌坑。然后历佳者亦与上岩诸石价相等。"

按:水岩价值如此昂贵,除其石质精良、具有发墨不损毫的特性外,数量少且难采

26

集也是重要原因。不仅水坑砚与它坑砚价格悬殊,同系水坑,石质亦有差别,价值也不尽相同。

·《砚史》云:"歙州有砚图,石洞最多种,而赤紫石多瑕,土人以线、脉、隔为三种病。今人以细罗纹无星为上。"

按:歙石的矿物成份及其结构便决定了歙砚一般都下墨,但温润不足。正像宋代蔡君谟所说:"歙石多铓,惟腻者佳,盖物之奇者,必异其类也。"米芾亦说:"今人以细罗纹无星为上。"可见宋代人十分看重比较细润的细罗纹且无星的砚石,这跟宋代注重砚台的实用价值有关。我曾在一方石质精良,但不知系何种石料的砚台上刻过如下一句话:"端砚好,歙砚好,洮砚亦好,惟发墨不损毫便好。"当然,对砚台的评价因时代而异,因人而异,可谓仁者见仁,智者见智。

·《砚谱》记载:"欧阳永叔云:'歙石出于龙尾溪,以金星为贵。端溪以斗岩为上,龙尾以深溪为上。龙尾远出端溪上,而端溪以后出见贵尔。"

按:端溪石、龙尾石各有千秋,端溪之老坑石、龙尾之水岩石均为最佳砚材。不过平心而论,作为砚材,端溪石一般都优于其他砚材。

·宋唐询在其《砚录》中云:"红丝石异于它石者有三:它石不过以温润滑莹者为优,此乃浸之以水而有滋液出于其间,以手磨试之,粘者如膏,一也;它石与墨相发,不过以其体质坚美,此乃有膏润浮泛,墨色相凝若漆,二也;它石用讫,甚者片刻,其次终食之间,墨即干也,此石覆之以匣,常数日墨汁不干,经夜其气即上下蒸湿,著于匣中有如雨露,三也。"

·《砚谱》记载:"苏易简《砚谱》载四十馀品,以青州红丝石为第一,斧柯山为第二。"

·《砚史》云："红丝石纹理斑者不渍墨,而纹大不入看。理白而纹红者幔,经冻易损,浸经日方可用,一用久不堪涤,必磨治之,非品之善。"

按:红丝石作为砚材,不足以称道。历代所以有人宝之,缘于红丝石藏量少、开采少,能流传下来的更少,物以稀为贵使然。宋代苏易简、唐询所以称红丝为第一,就因为当时未发现好砚材所致。以我所见,其实各种石砚中均有佼佼者。

·《洞天清禄集》云："古人晨起,必浓磨墨汁满砚池中,以供一日之用,用不尽则弃去,来早再作,故砚池必大而深。"

按:明清以前的古砚,制作简朴,突出实用。"砚池大而深"则是注重实用的体现,可作为鉴别古砚的参考依据。

·《砚史》云："器以用为功。砚石发墨为上,色次之,形制工拙又其次之。"

按:"米氏所言极是。只要是发墨不损毫的砚石,均为佳砚材。如果砚材粗劣而又拒墨,即使石品花纹再奇特,做工再精湛,也不可取。

·《砚史》云："晋砚,见于顾恺之画者,有于天生叠石上刊人面者,有十蹄圆铜砚中如镟者。余尝以紫石作之,有上圆下方,于圆纯上刊两窍置笔者;有如风字两足者,独此甚多,所谓凤凰池也。世俗呼为风字,盖不原两足之制,谓之凤足。至今端州石工,以两眼相对于足傍者,谓之凤足……其后至隋唐,工稍巧,头圆,身微瘦,下阔,而足或圆为柱,已不逮古。至本朝,变成穹高腰瘦,刃阔如铖斧之状。仁宗已前赐史院官砚,皆端溪石,纯薄,上狭下阔,峻直不出足,中坦夷,犹如凤池之象,或有四边刊花,中为鱼为龟者。凡此形制多端,下岩奇品也。"又云:"风字风字,惟以有足无足为辨,有足则为凤池,无足则为风字。"

·《端溪砚谱》记载:"宋代砚形有平底风字、有脚风字、垂裙风字、古样风字,凤池、四直、古样四直、双锦四直、合欢四直,箕样、斧样、瓜样、卵样、壁样、人面、莲形、荷叶形、仙桃、瓢样、鼎样、玉台、天砚、蟾样、龟样、曲水、钟样、圭样、笏样、梭样、琴样、镦样、双鱼样、团样、八棱角柄秉样、八棱秉样、竹节秉样、砚砖、砚板、房相样、琵琶样、月样、腰鼓、马蹄、月池、阮样、歙样、吕样、琴足风字、蓬莱样。"

·《端溪砚志》云:"物产之美恶,今昔异形。百家之辩论,彼此殊别。"

·《宝砚堂砚辨》云:"辨砚之难,不难于识精粗,而难于决真赝乎。夫端溪之老坑止一,而杂坑不下七十种,即质色甚类。老坑者亦不下十数种,苟非于同之中详辨其异,于异之中详辨其同,自难必鱼目不混珠,珷玞不乱玉也。"

·清代吴震方《岭南杂记》云:"端石之精粗美恶,人人聚讼,皆由身不至端溪,以耳为目,此倡彼和,究竟莫能辨真石也。"

·清代计楠《端溪砚坑考》云:"昔人论砚多矣,所见异辞,所闻异辞者何也?盖以研坑之出有古今之不同,上下之各别。一代有一代之优劣,一时有一时之好尚,古不必尽胜于今,今不必远逊于古也。"

按:古人砚论很多,此仅录其要者供读者鉴赏。从以上砚论不难发现,各种论述,彼此殊别,这就要求我们要正确认识和对待古人的论述。一方面,古人的各种砚论并非空穴来风,只是由于时代、环境等客观因素的变化,所论不尽相同。另一方面,"尽信书不如无书",凡书上写的、古人说过的不一定都是对的,要敢于提出质疑。更重要的是通过不断实践、思考、研究比较,提出有创见的、经得起时间考验、更符合事实的看法。然而,正像《端石拟》所云:"欲探其源流,辨其真伪,能条分缕析,品定高下,虽耽好于此,究难深辨。"

无尘斋藏砚

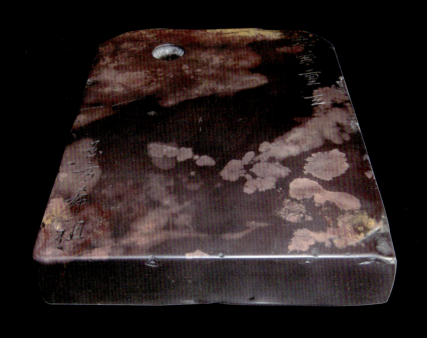

汉　长方形石板研

　　长方形,长 10 厘米,宽 4.5 厘米,厚 1.1 厘米,页岩制成。一面研光,另一面仍保留原石粗糙的平面,伴有研石一方。石板上残留朱砂红色,斑驳点缀,饶有古趣。这类石板可能是研磨化妆品用的,也称为"黛板研"。但有时也可能用来研墨,故亦将其归于砚台范围之内。土侵开门,系出土物。

汉　圆饼形石砚

砚作圆饼形,直径9厘米,砚高1.8厘米,绿色砂岩制成。砚面研光,底部有人工凿成的点状纹饰。砚体墨锈斑驳,古气盎然,伴有研石一块。这类石砚和研石,已将研墨作为其主要功能。从我收藏的几方研石发现,有的研石不仅有雕工,而且研石底部呈凹槽状,这样便于碾压墨丸,然后研成墨粉备用。土侵开门,传为汉墓出土。

汉　三兽足圆形石砚

　　圆形,三兽足,淡红色砂石制成,伴有研石一块(砚盖已佚),砚堂内与研石已研磨的十分光滑,并残留墨锈,有明显使用痕迹。土侵开门,系汉墓出土。

隋唐五代　箕形石砚

簸箕形,前窄后宽,砚底前端着地,后两梯足。砚四周有一横边伸出,以支撑砚盖(盖已佚)。此种形制极为罕见。石色苍黄泛绿,有圈状和点状石纹,石质细润,做工规整,线条流畅挺拔。有水土侵痕迹,系出土物。

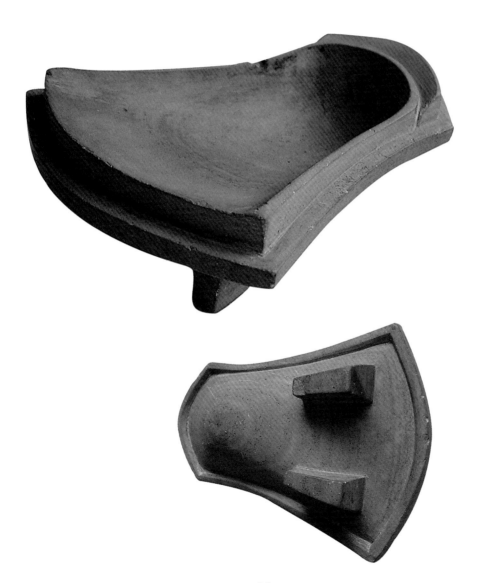

隋唐五代　箕形红陶砚

簸箕形,长 15 厘米,前宽 7 厘米,后宽 15 厘米。前端着地,后由两柱足支撑,砚堂凸起,呈淌池式。红陶质,墨锈斑驳。土侵开门。

隋唐五代　一字池石砚

砚长16厘米,宽13厘米,厚4厘米,形似半块砖。砚面平坦,四边阴刻单线,一字墨池,制作古朴、原始。石质细润,呈淡紫色。墨锈斑驳,灰白水侵,系出土物。

宋　龙尾石砚

插手形,四边内敛,左右裙足,墨池深大,砚堂平坦,石色青黑。砚体不大,土侵明显,系陪葬物。

元　桌形座青石砚

　　砚长 13.3 厘米,宽 10.5 厘米,整体高 6.5 厘米。桌形座略大于
砚体,亏月墨池,砚面四周阴刻单线,砚形稀见。青石质地,灰白土
侵,包浆厚重,系出土物。也有人认为,该砚应为魏晋南北朝之物。

明　正德款淄石砚

　　长方形,长 18 厘米,宽 11.2 厘米,厚 2 厘米。砚池深大,砚堂微凹,右侧面刻"正德二年七月日",左侧面刻"李文英置用"。李文英何许人,不得而知。但从砚形、年款及其包浆综合分析,系明代砚无疑。

清　李松石铭石砚

　　长方形,长 17 厘米,宽 10 厘米,厚 3.5 厘米。石质细润,发墨如油。石色绀青,有雪浪纹,映日金星闪烁。砚额处篆书"墨林珍赏",落款"汝珍"。砚阴刻李松石款隶书铭:"求者如麻几十年,宜乎今日难搜讨。"李汝珍,清乾嘉时人,擅长音韵学,《镜花缘》之作者,"松石"即其字也。

宋　政和款端石砚

长方形,长22厘米,宽14.3厘米,厚4厘米。砚面平坦,无砚池,砚背挖空,仅留四边。挖空处刻一方形印鉴,因石皮剥落已无法辨认印文。印鉴下方刻政和二年□□吉制。类宋代兰亭砚形,通体墨锈斑驳,传世包浆厚重。

长方形端石砚

　　长 15.5 厘米，宽 10.5 厘米，厚 4 厘米。墨池似蝉首形，墨堂微凹，四边刻双阴线，制作古朴、原始。石色本淡紫，但因年代久远，石色已变成黑色，这是墨锈和氧化作用下形成的自然包浆。石质细润，抚之如肌肤。石品有黄龙纹、胭脂火捺和虫蛀。正像唐代李贺《紫石砚歌》中所云："俑刓抱水含满唇，暗洒苌弘冷血痕。"从虫蛀洞中残留的泥土分析，此砚应为早年的出土物。

插手形端石砚

砚长16厘米,宽9厘米,高4厘米。小巧玲珑,石质尤佳。砚面黑色,以下渐浅近白,内透红气,蕉白、胭脂火捺是也。一条翠冻环绕四周,俗称"玉带",似老坑东洞之石。

（正面）

（背　面）

钟形墨池端石砚

砚长 17.5 厘米,宽 10.5 厘米,厚 2.5 厘米。墨池与墨堂相连构成一钟形。石理细嫩柔润,抚之如小儿肌肤,通体由蕉白渗胭脂形成,底部有一层翠冻,端人称其为眼脉。原配紫檀木砚盒。

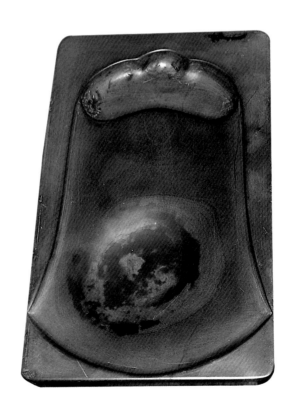

瓦形端石砚

砚长 10.5 厘米，宽 13 厘米，高 2.5 厘米。圆形墨池，墨堂微凹。砚面与砚底石色青黑，内透紫气，密布鱼脑碎冻和胭脂火捺，像片片吹散的彩云。砚面与砚底之间，有厚厚一层蕉叶白，内透红气，十分奇特。

紫玉间青花端石砚

锐首丰下,三足支撑,凤池之象,偃月形墨池。色如带血的羊肝,内透红气与青花,古人称其"如葡萄初熟"、"一片真气,悦泽如美人之肤",美其曰:"紫玉间青花",是历代藏砚家孜孜以求的名品。

斜坡卧兽端石砚

砚长 17 厘米,宽 11.5 厘米,前高 2 厘米,后高 3 厘米。砚面呈斜坡状,具有唐代箕形砚和宋代插手砚砚面前倾的遗风。砚额处雕一卧兽,造形别致。石质温润,紫色纯正。

插手形端石砚

砚长 19 厘米,宽 12 厘米,高 2.5 厘米。一字形墨池,墨
堂微凹,石质细润如肌肤,砚面呈青黑,满布鱼脑冻伴胭脂
晕,犹如天女散花。三面墙足几乎均由胭脂火捺构成,俨然
是三面红墙,令人赏心悦目。

听云端石砚

长方形,长19.5厘米,宽12厘米,厚1.5厘米。无墨池,满月墨堂,砚额处有数片鱼脑冻,似朵朵白云,故在砚面刻"听云"二字,并刻"炼雪道人"及"张氏子眉"、"晴岚收藏"等印鉴。砚底前端及后端左右均为"一"字足支撑。墨锈斑驳,传世包浆开门。炼雪道人乃清代张廷玉之子张若霭别号,张若霭,雍正进士,善书画。

王概铭端石砚

小插手形,长 21 厘米,宽 15 厘米,高 3 厘米。砚堂微凹,左上方雕一亏月作墨池。石色深紫近黑,内隐胭脂火捺。砚额有翠冻一片,似一朵浮云。鱼脑碎冻洒落砚面像繁星满天,自然形成一幅"月夜图",故在砚的右侧面刻"神品天成"四字。左侧面落款为"康熙辛巳仲秋望月湖邨王概手题"。

王概,字安节,清代秀水人,能诗,工画山水,著有《芥子园画谱》等。

(背面)

（正 面）

纯紫端石砚

插手形,长16.5厘米,宽12厘米,高1.5厘米。砚面的三个边为漆黑色,砚面石色如熟透的葡萄,并伴有鱼脑、胭脂等石品,石理细软柔润。堪称砚中稀见之品。

"天保九如"端石砚

　　长方形,长 27 厘米,宽 20 厘米,厚 3 厘米。砚池、砚堂由一圭形图案组成,寓意"有棱有角,刚正不阿"。池堂分界处减底浮雕一长方池,内阳刻"天保九如"四字,寓"吉祥"之意。石色深紫泛青,石质温润,银线如藕丝纵横交错。砚体硕大,兼顾实用。传世包浆开门。

木纹端石砚

长方形,长 15 厘米,宽 9 厘米,厚 1.5 厘米。温润发墨,色如紫肝,石纹如木纹。雕工因材施技,于砚额雕一枝梅花,砚堂与砚池均雕作梅花花瓣,俨然是一株干枝梅。构思别出心裁,体现了古人在审美上追求质朴自然的情趣韵味。银线如藕丝,隐现其中,是一方难得一见的古木纹端石砚。

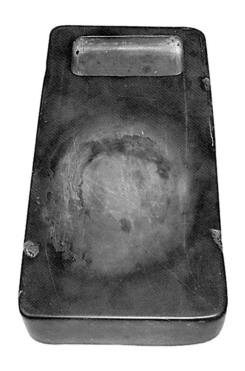

马肝色端石砚

　　长方形,砚体不大,石质尤佳。砚面与砚底均为一层马肝色,中间部分石色渐淡,蕉白是也。砚底还有一片罕见的猪肝冻。既是一方佳砚,又可作镇纸。

水盂池端石砚

插手形,长 16 厘米,宽 12 厘米,高 3 厘米。砚额雕大小水盂作墨池,极富立体感。色嫩紫,蕉白、火捺掩映其间,石理细嫩,若小儿肌肤。正像朱彝尊所云:"紫气既竭,白气次之,石之最嫩处,膏液所成。"

随形绿端砚

　　长 22 厘米,最宽处 14.5 厘米,厚 3 厘米。花瓣墨池。石色绿中泛黄,青花结点缀其间。石质软硬适中,温润发墨,墨锈斑驳,包浆开门。

簸箕形端石砚

砚体不大,石质甚佳。通体蕉白,胭脂
火捺点缀其间。赏心悦目,抚之心醉。

"苍雪庵宝用"端石砚

　　砚长 19 厘米,宽 10.5 厘米,高 3.5 厘米。砚面仿魏兴和砖形,底部三足,前一偏足,后两乳足。砚体墩厚,包浆开门,颇具魏、唐遗风。砚额刻"苍雪庵宝用"五字款。明人一抄书家的室名为"苍雪庵",该砚是否为其用砚,无从考证。

猴山端石砚

随形,砚额雕猴子与山石,极富立体感。砚堂深凹,包浆开门。石质温润,石色泛白,蕉叶白是也。胭脂、青花浮现砚面,但不像老坑石鲜活生动。

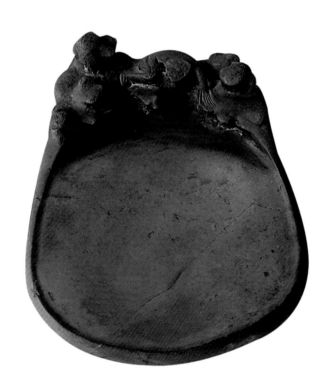

蕉白、虫蛀端石砚

长方形,长 18.5 厘米,宽 13 厘米,厚 2 厘米。石色深紫,石质
细润。有蕉叶白、鱼脑冻、火捺纹和虫蛀等石品。传世包浆开门。

蛋形墨池端石砚

长 18 厘米,宽 8.5 厘米,厚仅 1.3 厘米。蛋形墨池,传世包浆开门。色纯黑,有火捺纹。砚形薄而长,具有宋代砚的特征。

端溪龙岩石砚

　　随形,砚池和砚堂雕一人曲体形,头颅作砚池,躯干作砚堂。从侧面的不同角度看像一只海豹,又像一只鸟。不加任何雕饰,随石赋形,构思精巧。石色红紫,石理润滑,不发墨,墨锈斑驳,古色可爱。

禹碑砚

长 19.5 厘米, 宽 14.2 厘米, 厚 2.5 厘米。禹碑形, 砚额雕太极图为砚池。石理柔润。有蕉叶白、火捺、石眼等石品, 配紫檀木座, 俨然是一块石碑。砚阴亦雕有墨池, 且砚堂深凹, 颇宜研墨。

"无事此静坐"端石砚

　　端溪石,色深紫,雕月亮门作墨堂,扇形匾作墨池,砚额处阳刻"无事此静坐"。该砚构思别致,惮意十足,且扣之铃铃,悦耳动听。笔者在砚阴处刻"数声钟磬是非外,一个闲人天地间"。又制一鸡翅木磬架,将其悬挂其中,如石磬,并称其为砚磬,玩也。

长眉子、鱼子纹龙尾石砚

　　鼎形,直径 19.5 厘米,高 6.5 厘米。满月墨池,砚底三乳足。造形古朴典雅,光泽强烈,传世包浆开门。色青灰,石质坚密、细润,抚之若小儿肌肤。砚堂像一池清水,长眉纹如浮动的波浪,密密麻麻的鱼子纹像无数条蝌蚪在水中戏游,若隐若现,似动非动。有文献记载,龙尾石也有水坑、旱坑之别,从该鼎形砚来看,此论不假。

龟背纹龙尾石砚

　　长方形,长 13 厘米,宽 9 厘米,厚 2.3 厘米。亏月墨池,满月墨堂,俗称"日月同壁"砚。做工简练,注重实用。石质坚润,扣之金声。石色淡紫,石纹含蓄。尤为称道的是选材十分讲究,墨堂内呈乳白色不规则圈状石纹,似鹿皮,又像瓷器中的开片,俗称龟背纹,它处无,难能可贵。该砚应属水坑龙尾石。

金箔歙石砚

小插手形,长 14 厘米,宽 10.5 厘米,高 1.5 厘米,椭圆形小墨池。石质坚密,扣之金声。石色赤紫,砚面云集大面积金晕,形成金箔,金光闪烁。据说是"数十万方歙砚不能遇其一",可谓稀见之品。

金星金云歙石砚

　　长方形,长 16 厘米,宽 10.5 厘米,厚 1.5 厘米。石色绀绿,石面布满金星、金云,金星如黎明前的晨星,又像倾盆而下的雨点。金云如一缕青烟,动感十足。石质坚润,扣之铃铃。锈蚀斑驳,传世包浆开门。

蝉形歙石砚

长 14.5 厘米,宽 11.5 厘米,高 1.5 厘米。墨池深大,墨堂凹下,注重实用。底部前端着地,后两乳足。做工简练、流畅。传世包浆开门。具有宋代蝉形砚的特征。

姚绶书画砚

长方形,长 26 厘米,宽 18 厘米,厚 2.5 厘米。歙石,满布黑色斑点,俗称大雨点石。墨池与墨堂分界处减底浮雕星象图。砚的右侧面刻"天赐长年姚绶书画砚"。左侧面刻"公绶"朱文印和"紫霞碧月山堂"白文印各一枚。做工规整,条线挺拔。砚池内墨绣斑驳。传世包浆开门。

姚绶,明代浙江嘉兴人,字公绶,善书画,有名于时。

八棱辟雍歙石砚

八棱形,砚面直径23厘米,砚堂直径15.5厘米,高2.5厘米。石色绀青,墨堂深凹,砚边因年久风化已脱落。砚底阴刻"怪石兀了,老竿苍苍,犹驾卧虎,倏见龙骧。画者文叟,居者孙□,赞者苏子,观者元章"三十二字铭。因多次朴拓铭文,牢牢附着一层朱砂。此砚墨锈斑驳,包浆厚重,具有宋砚特征。

（正面）

74

（背面）

75

乾隆铭绿漪石砚

　　长方形,长18厘米,宽14厘米,厚3厘米。这是一方十分罕见的洮河绿漪石砚。石中含有丝丝纹理,犹如水中涟漪,绮丽典雅。质理柔润,发墨生光。而且在砚侧和墨池内有黄褐斑一片,为名贵石品。砚阴为乾隆仿康熙铭松花石砚的十六字铭,即:"寿古质润,色绿声清,起墨益毫,故其宝也。"并刻"乾隆御铭"并"御赏"小印一枚。砚铭真伪值得商榷。该砚用材考究,做工规整,带有一种富贵气。

洮河湔墨点绿石砚

插手形,长 19 厘米,前宽 11 厘米,后宽 11.5 厘米,高 2.8 厘米。四边内敛,左右裙足,墨堂与墨池呈淌池式,具有宋砚特征。石色深绿,布满大小不等的黑色斑点,俗称湔墨点,乃洮河石之名贵石品。

洮河瓜皮黄石砚

锐首丰后，底部三足支撑，三边石皮包络，略加磨制，呈"凤池"之象。石色淡黄，有深色圈纹和虱子纹，石理细密温润，石声清越。传世包浆开门。是一方难得一见的瓜皮黄虱子纹洮河石砚。

洮河柳叶绿石砚

插手形,长 19.5 厘米,宽 11.5 厘米,高 2.5 厘米。一字形墨池,墨堂平坦。石色深绿,有黑色条纹,俗称柳叶绿,是洮河石中较为常见的一种石品。

洮河赤石砚

　　八棱辟雍形,直径16厘米。石质粗疏,石色红紫,系洮河石中之赤洮。墨堂突起,造形古朴,土侵明显。

锐首澄泥砚

锐首丰后，前端着地，后两偏足，有"凤池"之象。四周有竹片削痕。色如玫瑰，墨绣斑驳，包浆厚重，有宋代砚的特征。此类澄泥砚在山西民间屡有发现，而且均系明代或明代以前的砚。拟为绛州澄泥砚，有待进一步考证。

虾头红澄泥砚

　　八棱形，直径 19 厘米。圆形墨堂，不分墨池，中部凹下，砚边刻一圈阴线。色黄中透红，俗称"虾头红"。墨锈斑驳，传世包浆开门，给人以沧桑之感。原配黑漆砚盒。

绿豆砂澄泥砚

长方形,长 14.5 厘米,宽 8.5 厘米,厚 2 厘米。墨池与墨堂呈淌池式,烧制坚致不亚于石,色淡绿,俗称"绿豆砂"。墨锈斑驳,传世包浆开门。原配花梨木砚盒。

玫瑰红澄泥砚

　　长方形,长 16 厘米,宽 11 厘米,厚 2.2 厘米。砚池雕鲤鱼戏水草,砚堂低于平面,便于聚墨。玫瑰红,烧制火候适中,温软柔润,不减端溪老坑砚。低凹处残留墨痕,传世包浆开门。

红丝石砚

随石就形雕一树叶状,紫红底色,桔黄纹理,姿质润美,坚而不顽。砚额刻"尼山之宝"四字,有画蛇添足之感,似后人所为。笔者认为该砚与红丝石无异。

贺兰山石砚

　　长方形,长 17.5 厘米,宽 11 厘米,高 3 厘米。砚面与砚盖均根据石材的特征,采取巧雕的手法,砚堂雕成一树叶状,砚盖则雕成一幅竹、石、飞禽构成的画面。构思精巧,雕工精湛。既是一方实用砚,又具观赏性,是实用与观赏有机结合的典范。

淄石砚

布袋形,长 20 厘米,最宽处 14 厘米,厚 3.5 厘米。造形古朴,色绀青,石品有鱼脑。传世包浆开门,光泽强烈,石质略逊端溪。

尼山石砚

长方形,长 17 厘米,宽 10 厘米,厚 2 厘米。砚阴马肝色,砚面浅红色,有水草样石品点缀其间。石质柔润、发墨,不亚端溪老坑石。

玳瑁石砚

砚长 17 厘米, 宽 10.7 厘米, 高 2.5 厘米。插手形, 但又不同于一般插手砚, 仅左右墙足的后端内敛, 有宋代插手砚的遗风。石色紫中有黄色斑点, 宛如玳瑁, 别称鹧鸪斑。无论其砚形, 还是砚石均不多见。

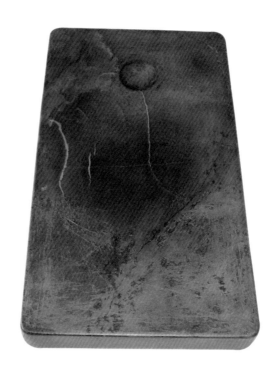

玛瑙石石砚

　　长方形,长24厘米,宽14厘米,厚2.5厘米。有紫、绿、赭、黑等石色相杂其间,明显有玛瑙质斑纹,瑰丽多彩,温润如玉。因其硬度为六至七度,制作难度大,故无任何雕琢,只雕一浅小砚池。《西清砚谱》录有一方花斑玛瑙石砚,当时对此石料尚存疑义,说明以此石制砚甚罕。

徐公黑玉石砚

随形,椭圆墨池,四周有石乳。砚底刻"徐公黑玉石砚"六字铭,落款"王图炳"。石理粗,石色黑,与现代徐公石不尽相同,亦属稀见之品。

万州黑石砚

插手形,长 25 厘米,宽 15 厘米,高 4 厘米。墩厚大器,包浆开门,石质温润,石色漆黑。宋代有人以此种黑石冒充黑端,欺世盗名。此种黑石现在难得一见。

龟石砚

随形,形似龟壳,无墨池,墨堂深凹。石皮褐色,似火捺,
皮下为青黑色。石质润滑不滞笔,系鲁砚中龟石砚。

薛南山石砚

状似龟壳,色呈深绿,柔和沉静,砚底有红绿相间条纹,似七色彩虹。石质软硬适宜,系鲁砚中薛南山石砚。原配漆木砚盒。

五台山石砚

长 16.6 厘米, 宽 11.5 厘米, 厚 4 厘米, 砚盖铭文从一个侧面反映了民国时期的一段历史。

辟雍形绿石砚

　　直径 17 厘米,四周内敛,砚堂大而凸起。有人认为系明代砚,有人认为应早于明代。

随形紫色砂石砚

长 22.5 厘米, 最宽处 15 厘米, 厚 3.5 厘米。砂石质, 色紫, 造型古朴, 包浆厚重。

脚形石砚

长 16 厘米, 宽 9 厘米, 厚 1.5 厘米。脚后跟为墨池, 脚掌为墨堂, 造形别致。其石质乍看似青石, 但远比青石温软润泽。

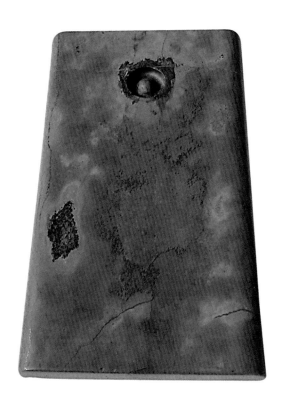

仿瓦形两色石砚

长 21.5 厘米, 宽 12.3 厘米, 厚 1.8 厘米。砚面翠绿色,
砚底淡紫色, 润如肌肤, 不亚端溪名坑石。

方形四足石砚

边长 12.5 厘米,高 2.5 厘米。石色红紫,内有黑色斑纹,温润可手。石性不亚端溪名坑石,有人认为就是端石,存疑。

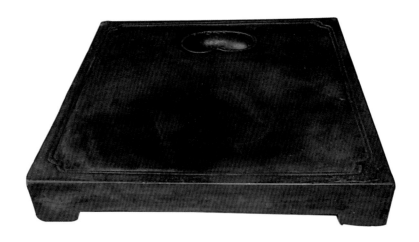

插手形石砚

　　长 17 厘米,宽 9.5 厘米,高 4 厘米。石色嫩
紫,柔润发墨,类似端石。

深墨堂石砚

长 20 厘米,宽 13.5 厘米,厚 2 厘米。石色浅黑,墨堂挖空,注重实用。此种砚形并不多见。

火炬形石砚

　　长 18 厘米, 最宽处 25.5 厘米, 厚 3 厘米。石色类端石, 有片片红色斑纹, 但与端石中的火捺纹不同。此种砚石稀见。

仿"东阁瓦"乐琴书石砚

　　长 16.8 厘米,宽 10 厘米,厚 2.5 厘米。石色浅黑,有鱼脑纹,软硬适中,扣之木声。砚背挖空,刻"东阁瓦"三字,砚额处线刻"乐琴书"。据说嫔妃也喜作画,常以"乐琴书"落款。该砚造形小巧别致,似有一种女性韵味。

亏月池两色石砚

长21厘米,宽13.8厘米,厚2.8厘米。砚面茶叶末色,砚底马肝色,温润如玉,实属罕见。

阮元铭石砚

长 16.5 厘米,宽 11 厘米,厚 3.2 厘米。石色灰白,石纹类生物化石。有人认为系湖南产的一种砚材制成。在古玩市场也偶有发现。此类石砚形制都很古朴。

八棱四足辟雍形石砚

直径 20 厘米,高 2.5 厘米。周边内敛,砚石罕见。圆形辟雍砚比较多见,而且多数无足支撑。该砚不仅形制古朴、稀见,石材、石品亦不为人知,有人认为系古洮河石。存疑。

玩砚心得

玩砚心得

别有洞天

——逛古玩市场小记

一件小小的器物，如一枚印章、一件佩玉等，很可能经过几代人的把玩，或许背后还流传着一个个或喜或悲的曲折故事，而且还将继续演绎下去，这也许就是古玩的迷人之处。

近几年，每逢双休日我总要去位于太原市南文化宫后院（之前在府西街艺苑）的古玩市场逛逛。此举不仅可以领略古典文化的余韵，还可陶冶情操，增长知识。古玩市场几千平方米大的场子里，有近400个摊位，有的支一块床板，有的在地上铺一块塑料布，上面摆放着金石字画、古今货币、刺绣、旧书、瓷器、家具、木雕、玉器等，凡是目前收藏热门的玩艺儿，几乎都可以在这儿找到。究竟是真货还是赝品，我想绝大部分来此一游的人是搞不清楚的。但每逢双休日，总有那么多人前来观赏，摩肩擦背，热闹非凡。真正的行家往往是赶早不赶晚，晚了，好东西被人淘走，独落遗憾。而那些零星摆摊的，多数是从乡下收来的旧货，转手卖出，赚个差价。货品往往良莠不齐，遇着懂行的就有机会瞅空捡个大便宜，但上当受骗的也大有人在。我作为工薪阶层中的一员，深感囊中羞涩，但有时也免不了要付点学费。

有一次，我无意中看到一枚并不起眼，但细瞧又与众不同的石印。印章不大，长方形，大概由于流传时间太久的缘故，周边已没有棱角，拿在手中，手感很好。细细端详，料似青田石，石印的边款镌刻着"丁巳清和月作"、"石城下士"两行非常秀气的楷体小字。印文磨损严重，姓什名谁，已很难辨认。不过从边款这10个清秀的楷书小字分析，此印非能工巧匠而难为。"丁巳清和月作"肯定是制作的时间，"石城"系地名，"下士"一定是制作者。我国古代纪年法主要有三种：一种是按照王公即位的年次纪年；一种是以年号纪年;还有一种是用干支纪年。"丁巳"就属于干支纪年,距今最近的"丁巳"年是 1977 年,按 60 年一个花甲计算,1917 年、1857 年,以此类推,都属于"丁巳"年。俗以农历四月为"清和月"。从印章的磨损程度判断,此印绝非 1977 年所制作,最近也是在袁世凯称帝失败后的 1917 年 4 月,或许更早。所谓"石城",大概有以下几种可能,一是今江西省宁都县东的石城县,隋朝时期叫石城坊,五代、南唐改置县。二是南京市西的石头城,也称石城。三是现山西省原平市,从北魏至隋朝也称石城(还有其他称石城的地方)。由此看来,此印的制作者很可能是原平人。所谓"下士"也有几种解释:一是官名,如孟子曾说:"下士与庶人在官者同禄。"二是草野之士,如宋朝曾有诗曰:"中朝方有道,下士实同休。"三是佛家语,即凡夫。当然也可能是制印者以"凡夫"或"草野之士"自谦。我手捧石印,浮想联翩。卖主看我爱不释手的样子,便主动以 10 元成交。我回到家里还一直在想,一方小小印章究竟历经几多人间沧桑才流传到今天? 真还是个谜,而且恐怕是个永远也解不开的谜。正像《金瓶梅》的作者笑笑生为何许人,后人考证了几百年,至今尚未定论一样。我想,人世间有多少个类似这样的谜,谁能说得清?

说藏砚

砚作为文房四宝之一,历来受到文人墨客的青睐。它从新石器晚期单纯的研磨器皿开始,经过历朝历代的演变和能工巧匠的雕琢、创新,逐步形成端砚、歙砚、洮河砚、澄泥砚四大砚系,使之既有实用价值,又具观赏、品鉴的艺术价值,并涌现出一大批风格独特的古代名砚,令无数文人学士及收藏家为之倾倒。

据文献记载,早在唐宋时期,就有人留心砚台收藏。唐代著名书法家柳公权嗜砚成癖,并著《论砚》传世。宋代大书画家米芾更是砚痴,《春渚纪闻》就记有这样一件事:有一次宋徽宗召米芾进宫写一幅大屏,当时宋徽宗让他使用的是一方端砚,米芾写完以后，捧着这方端砚奏道："这方砚台已命臣使用过了，就不堪再供御用，请皇上定夺。"徽宗听了便知米芾的言外之意，于是哈哈大笑说："那就赐给你吧。"米芾顿时高兴得手舞足蹈，再三叩谢，连砚上的馀墨洒满衣襟也未察觉。米芾还编写过一本《砚史》，在中国砚台研究史上占有重要地位。

到了明清时期，砚材更加丰富，砚雕艺术发展很快，出现了许多高水平的雕砚名家，像黄易、顾二娘、卢葵生等。名砚的地位几乎与金、玉、名瓷、名画相埒，名砚、古砚在人们心目中自然而然地成为有价值的文物珍宝。于是，有意识地收藏砚台的人日渐增多。对于文人墨客来说，收藏砚台不仅仅是为了实用，同时也是对艺术和精神享受的追求。

清代书法家、诗人黄莘田在任广东县令时就酷爱名砚，藏砚颇丰。后来，索性辞官，携上好端石砚材至苏州，请顾二娘琢制。嗣后，选出十方佳砚藏于其家中，并名其室为"十研轩"，自号"十研老人"。可惜，在黄氏晚年，所有藏砚陆续散出。我有幸收藏一方黄莘田藏砚，视若拱璧。这是一方宣德下岩砚，最高处5寸，最宽处8寸，厚2寸，随形，色紫，内含蕉白、火捺纹，周边石碏历历可见，无砚池，砚堂微凹，圆活肥润，自然而古朴，很有顾氏琢砚风格。在砚堂右方刻"宣德下岩砚"和"十研轩神品"两行楷书，左方刻"莘田黄氏珍藏"6字款。

在清代，不仅大批文人墨客有藏砚癖好，就连康熙、乾隆皇帝都有藏砚雅趣。如仅据《西清砚谱》记载乾隆就收藏200馀方古砚。康熙、乾隆不仅藏砚，而且还铭砚。我收藏一方洮河绿漪石砚，就有乾隆御铭。那"绿如蓝、润如玉"的绝好砚材，那做工规整、富贵典雅的风格，很有点宫廷琢砚的特征。

历史发展到近、现代，由于钢笔、铅笔、圆珠笔的普及，毛笔已不再是人们主要的书写工具，砚台也逐渐失掉其广泛的使用价值。但由此可以想见，随着时间的推移，砚台，特别是那些本来就不多的古砚、名砚将会越来越少，其收藏价值也将会越来越大。当然，首先还是要注重它的实用价值，因为砚作为我国特有的传统书画工具，在书画艺术领域仍不可或缺。发墨而不损毫是对砚台的质量要求，石质太粗，不仅损毫而且锉墨,过细则又拒墨,只有"不坚不燥、温润细腻"的石质才能具备发墨不损毫的性能。在这样的砚石上研墨,"用力轻,时间短,而且研出的墨汁细而稠,用于宣纸上随笔生辉,渗透自如",这就是砚的实用价值。历代制砚者为实用而制作,为实用而美化,从砚材、造形、雕饰中去追求形式上与内在的美。就是这种追求,使砚在实用的基础上,又具有了审美价值,给人们带来美的享受。我珍藏的一方端溪古石砚,选材考究,构思精巧。砚面左上方由鱼脑、蕉叶白和胭脂火捺相伴形成一片彩云,其中雕一圆形砚池,象征红日当空,砚的下半部恰似一株盛开的梅花,天斧神工,相映成趣,构成一幅红日当空、彩云飞渡、红梅竞放的早春盛景。宛如一幅名人字画,却无霉烂、火焚之虞。倘若将一方名人藏砚摆设案头,又何异于与先贤面对,切磋技艺? 那种境界,那种感受是难以用语言表述的。事实上,砚的实用性与观赏性是一个统一体中不可分割的两个方面,如果失去了砚的实用性,砚也就无所谓砚了,砚的观赏性也就无从谈起了。即使在今天,仍然是如此。其次是砚的历史价值,一般古砚都经历了数百年的历史,有的还是出土物。如果是一方名人铭砚、藏砚,那收藏的不仅仅是一方普通古砚,而且还是一位名人的书法、篆刻艺术或一段历史。这对研究砚台的发展、对研究名人的历史都有一定参考价值。无疑,随着古砚、名砚越来越稀少,砚之价值将会越来越昂贵。宋代苏易简《砚谱》中就有一砚值千金的记载。清代黄莘田千金买婢、千金买砚的故事,至今仍传为佳话。世纪已进入新千年的今天,流传至今的古砚、名砚更是寥若晨星,其收藏的经济价值就可想而知了。就以近几年国内外拍卖的中国古砚行情来看,价格也是一路飙升。有一方颜真卿铭红丝砚估价数千万元,一方古砚以几万元、十几万元或数十万元成交的例子已屡见不鲜,可见回报不菲。

综上所述,砚台,作为华夏民族发明的书写、绘画的辅助工具,在人类社会中不仅是一种独一无二的文化现象,而且这些色泽并不鲜艳的石头,竟融中国书画、印章、雕刻、诗赋于一体,成为一件件艺术珍品,历来受到人们的青睐和珍爱。随着我国国民经济的发展和人民生活水平的提高,收藏热方兴未艾,收藏队伍越来越壮大,收藏品种更是五花八门。但相比之下,砚台的收藏似乎有点门庭冷落,难怪有人说"砚被蒙尘,是砚的不幸;美被埋没,是人的悲哀"。我想,收藏砚台不应仅是文化人的"专利",你也不妨走进砚的艺术天地中来,进行一些考察和研究,或者索性加入砚台收藏的行列,你一定会发现这里的世界很精彩。

砚中珍品

清代执金融界牛耳的山西票号位于山西晋中地区,该地区又是晋商的集中地。人们钱多了之后,必然要追求精神享受,所以这里自古收藏古玩的人就不少,藏品相当丰富。早在抗日战争全面爆发前,北京琉璃厂的许多古玩商就经常光顾此地,且常有意外收获。像万历丁巳刻本《金瓶梅词话》就是在介休县发现的。清末民初,介休县有一祖孙三代收藏古砚的世家,我的藏砚绝大部分都来自其后裔之手,其中不乏精品、珍品。现介绍几方与同好共赏。

水坑绿端砚

端溪砚石的基本色调为紫色,也有少量的白端、黑端和绿端。白端不大适合研墨,产量又少,很少用来制砚。黑端也只有文字记载,罕见有实物。只有绿端在端砚中占有一席之地。绿端石始开于北宋,最早在广东肇庆北岭山附近开采,不久因砚材枯竭,便转移至端溪水一带朝天岩附近开采。近年来又在肇庆斧柯山东麓发现了绿端砚材,现在市场上能见到的绿端砚均为沙浦石所制。笔者收藏的这方绿端砚长18厘米,宽12厘米,厚3厘米。砚堂微凹,包浆开门,色翠绿,石质细嫩、柔润、晶莹。磨墨无声,发墨如油,金线纵横缭绕,海藻状青花浮动其间,给人一种沉实、凝重的感觉。完全具备水岩的特征。特别是砚堂下部有一片冻纹,状似小猪,栩栩如生,实为奇绝。绿端有无水岩,文献记载不多,只有清代《端溪砚史》记有"绿端亦有水坑、旱坑之别"。实物更难得一见。这方水坑绿端砚,为研究端溪砚史提供了宝贵的实物依据。

文犀照水红丝砚

早在唐代,书法大家柳公权对红丝砚就十分称道。但因历代均未成规模开采,其石质又逊于端、歙,所以有关红丝砚的著录不多,流传下来的实物稀见。红丝砚产于距离今山东青州市 20 公里之黑山,其纹理红黄相参,理黄者丝为红色,理红者丝为黄色,也有桔黄色者。我收藏的这方红丝砚即为桔黄底色,长 19 厘米,宽 13 厘米,厚 2.7 厘米。缕缕红丝如大海之波涛,让人称奇的是在砚面中央自然形成似犀角之图像,所以古人在其砚池旁刻"文犀照水"四字以铭之。在我看来,倒更像我国神圣领土台湾宝岛地图的形状。故该砚的珍贵处不仅在于其色泽艳丽、坚实滋润,是一方难得的老红丝砚,而更以其天斧神工巧绘台湾宝岛地图,其神奇令人叫绝,诚为砚中奇品。

珠联三绝砚

该砚长 15 厘米,宽 13 厘米,厚 2 厘米。石质极佳,石色赤紫,内透微尘般红色青花,砚面左上方由鱼脑、蕉白和胭脂火捺相伴,形成一片彩云,其中雕一圆形砚池,象征红日当空。砚的下半部恰似一株盛开的梅花,天斧神工,相映成趣,构成一幅红日当空、彩云飞渡、红梅竞放的早春盛景。右上角刻"太紫重玄"四字,是藏砚者对该砚的赞美,左下角落款"玉方希祖"。陈希祖,字敬一,号玉方,江西黎川人,清乾隆五十五年进士,官御史。书法张即之,兼得董其昌晚年之精髓,自张照、刘墉而外,无人可比。此砚不仅石质精良,石品奇特,而且系名家题铭、收藏,称之为"珠联三绝",应是当之无愧。

蕉叶白砚

该砚长 19.5 厘米,宽 12.3 厘米,厚 3 厘米。无墨池,周边土侵和钙化物几乎与砚石融为一体,可见是一方陪葬砚,系死者生前珍爱之物。令人叫绝的是整个砚体几乎由蕉白、鱼脑、胭脂火捺相渗而成,娇嫩鲜活,如一块带血的生鱼肉,观之生津。正像清代陈龄在其《端石拟》中所述:"蕉叶白,石之最嫩处,膏液所成也。以纯洁明莹大片无斑驳者为佳。如剖生女鱼肉之纯白者,旧坑有之。"再仔细端详,又像一位打扮入时的郎翩翩起舞,真乃自然之造化。

浮云冻砚板

长 27 厘米,宽 16 厘米,厚 2.3 厘米。古人常常把精美的砚石制成砚板,专供欣赏,该砚板就属此类。鱼脑伴胭脂火捺密布砚面,如朵朵浮云飘忽不定,不禁让人神游天外,浮想联翩。

浮云冻是现在人们对鱼脑冻的别称。古人在评品水岩石品时,称赞"青花者石之荣,鱼脑、蕉白者石之髓,天青者石之肉"。可见鱼脑、蕉白是水岩石品中的佼佼者,古人有"砚写端溪蕉叶白,炉薰宣德海棠红"之说。就构成之矿物成份而言,鱼脑冻、蕉叶白应系同一矿物成份形成,只因形状不同,有的称作鱼脑冻,有的则称蕉叶白而已。

四方具有水岩特征的端石砚

端溪石产于广东肇庆市斧柯山端溪水一带,始开采于唐武德(618—626)年间。其中水岩,又称老坑,始开采于何年,无定说,但曾在宋治平四年(1067)闭坑却是不争的事实。明永乐年间此岩重开,之后,时闭时开,仅明朝就重开了6次,清代重开竟达18次之多,由此可见历代对水岩的重视和钟爱。端石中首推水岩,它集各名坑砚石之优点于一身,石质细腻、娇嫩、致密、坚实,石色丰富多彩,更兼贮水不耗,发墨不损毫,其他砚材无法比拟。水岩石砚所以被历代珍视的另一个原因就是砚材难得,苏东坡讲到水岩开采的难度时就说"千夫挽绠,百夫运斤。篝火下缒,以出斯珍"。清人孙森在其《砚辨》中也说"水岩可为砚者仅一线,如金银矿之砂路,而一线之石又有黄膘包络,去尽方得砚材。精美者仅掌许,欲求完璧之品绝不可得。即五六寸者亦千百片中一二片耳。"时至今日,尽管可以电灯照明,机械排水,但一岁之中也只能得三四十件水岩端石而已。故水岩端砚的价值数倍、乃至数十倍于普通端砚,尤其是古代流传下来的水岩端砚更是难求。

我藏有几方端砚,具有端溪水岩的特征,尽管无情的岁月使它们伤痕累累,但也掩饰不了它们那娇嫩的肌体和绚丽多姿的石品,让人爱不释手。

如意池端砚

长方形,长15.6厘米,宽9.6厘米,厚2.8厘米,断残一角。砚面马肝色,内透红气,四侧面石色渐白,即蕉叶白。砚阴布满翠冻、鱼脑、青花,恰似海底世界。石理莹润鲜活,嫩而不滑,秀美多姿。古人品评端溪水岩之石色云:"如云之英英,水之渊渊者,色之上也。"此砚就有上述特征。

偃月池端砚

（正面）

（背面）

锐首形端砚

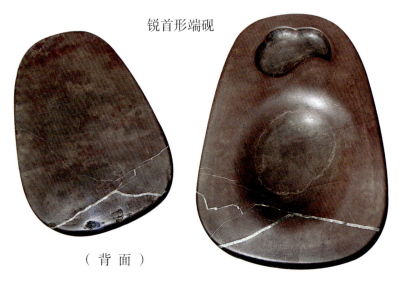

（背面）

（正面）

118

偃月池端砚

长方形，长 14.5 厘米，宽 10 厘米，厚 2.7 厘米。四边内敛，偃月形砚池又大又深。砚堂深凹，包浆开门。宋人赵希鹄《洞天清禄集》说："古人晨起，必浓磨墨汁满砚中，以供一日之用，故砚池必大而深。"可见该砚年月不浅。更为难得的是其红红火火的石品：砚正面呈深紫近黑色，鱼脑间胭脂晕火捺像盛开的花朵，点缀其间。砚阴布满成片的蕉叶白、鱼脑冻和胭脂晕，宛如燃放的礼花。

锐首形端砚

锐首形，前窄后宽。砚面赤紫，如带血羊肝。砚阴平底，蕉白、鱼脑、胭脂、青花等名贵石品荟萃其间，银线纵横交错，宛如藕丝。是历代藏砚家孜孜以求的名品。

端溪大西洞石砚

长方形，长 15.5 厘米，宽 9 厘米，厚 1.2 厘米，配黄花梨底座。有大片鱼脑冻和胭脂火捺、玫瑰紫青花、微尘青花、松皮纹等石品点缀其间。我在砚阴作铭："天青白云残阳红，出水青花朵朵鲜，松林秋色金灿灿，精华荟萃片石中。"表达我对它的钟情。古人云："一片石内五色备具，如云霞灿烂，令观者炫目，则大西洞间出之珍品，如鱼脑带青花者应视为极品。"此砚无愧端砚瑰宝，更为奇特的是状似浮云的鱼脑冻像是一只毛茸茸的猴头。双目圆睁，腾云驾雾。据我所知，类似的砚日本藏有一方；广东博物馆藏两方，一方叫"千金猴王端砚"，另一方叫"白鹤端砚"，这两方砚历尽坎坷，几成绝品。

一方佛门用砚

在我的藏砚中有一方佛门用砚,辟雍形,直径 21.5 厘米,紫色,润而发墨,颇有灵气。砚堂上方刻"净土"二字,砚阴雕一罗汉像,刀法流畅,雕工精湛,栩栩如生,落款"今释"。今释,俗姓金,名堡,字道隐,浙江仁和人,明崇祯十三年进士。1368 年,朱元璋建立明王朝后,为了巩固国防,防范元朝残馀势力侵扰,在加强中央集权的同时,又实行分封制,把他的儿子们分封于全国各地,以"夹辅王室"。永历三年,金堡在明桂王府中任礼科给事中,其间不幸陷入党争。永历四年,以党争失败,金堡被遣戍边疆,行至桂林出家为僧,改名为今释,字澹归,天然和尚弟子。清康熙元年主持广东韶州丹霞寺。工诗文,善书行、草,有名于时。该砚应为其出家为僧时所用砚,集书、画、雕刻于一身,十分难得。

辟雍形为唐、宋砚形,由南朝的圆形多足砚演变而来,历代均有仿制。辟雍本为西周天子所设大学,校址圆形,四周围以水池,形状如壁(古"辟"通"壁"),因砚形如辟雍故名。有文献记载,唐询之前的辟雍砚墨堂陷凹,唐询制辟雍砚墨堂才突起。不过我们现在所见到的辟雍砚,墨堂与砚边均处于一个水平上。唐、宋辟雍砚还有八边四足形、四边四足形等。该砚系明末清初物,平底,并有雕刻、文字,更富人文内涵。

汉代瓦当砚

经过十几年的苦苦寻求,我已收藏各种古砚近200方,但一直想收藏一方汉代瓦当砚却未能如愿,这成了我藏砚生涯中的一大缺憾。前不久,省收藏家协会会长郭士星同志告诉我,新开业的一家古玩店里有一方汉瓦当砚,建议我去看一看。我立即赶到这家店铺,看后心情非常激动,可遇不可求,志在必得,几经讨价后便成交。这方汉代瓦当砚直径19.5厘米,断残一角,配整挖红木盒。陶质,黝色,质地坚硬,堪称砚材之佳品。瓦当正面为卷云纹饰作砚阴,反面雕工根据断残情况,巧妙构思,因残就形,略施刀功,制成一方随形荷叶砚,苍古典雅。瓦当是中国古代建筑屋檐顶端的盖头瓦,俗称筒瓦头。瓦当艺术自西周至明清,绵延不绝,在形制、花纹、文字等方面形成了较为完整的发展序列。就形制而言,古代瓦当主要有半圆形和圆形两种。至秦汉,圆形瓦当已成为主流。按瓦当的纹饰区分,可分为图像纹瓦当、图案纹瓦当和文字纹瓦当。汉代瓦当不仅增加了文字瓦当,图案纹饰也更加丰富多彩,还出现了许多新的结构形式,特别是云纹瓦当更具多样性和装饰性。有鉴于此,这方云纹瓦当砚无疑是由汉代瓦当制作而成,弥足珍贵。

（正　面）

或许是我的"慷慨解囊"感动了这位店主,我俩之间很快拉近了距离,后来更是成了忘年交。店主是一位王姓年轻人,店内古董均为其父旧藏。他说这方瓦当砚是其父生前收购来的。说也凑巧,一次偶然的机会,我看到一份过去收购文物的清单,其中就有一方汉代瓦当砚,并注明原藏者为太

（背　面）

谷县赵铁山。山西人都知道，赵铁山系山西太谷县人，自幼喜爱书法，以书法著称于世。清宣统元年曾为拔贡，捐农工商部庶务主事。不久，请假归里，益发精研书学，颇享盛誉。1926年参加全国书法展览时，被评为华北第一，堪称近代山西之书法大家。倘若这方汉代瓦当砚系赵氏旧藏，岂不更为珍贵？

在收藏中发现(之一)

——从收藏一对鸳鸯砚说开去

我收藏的一对端溪水坑砚，是从太原古玩市场收来的。当时卖主讲，这是一对鸳鸯砚，不能拆开卖，并说这是主家的意思，拆散了太可惜。我想，这双砚的背后似乎隐藏着一段难以割舍的隐情。这样一来，更增加了我收藏这对鸳鸯砚的兴趣。于是我在手中细细端详起来，它们个头不大，两方砚长均为 14 厘米，宽 9 厘米，厚 2 厘米。墨池与墨堂构成一"吕"字形，又像人的半身照。传世包浆开门，形制甚简朴。最值得称道的是砚材的选择，不但选用了端石中最好的水岩石料，而且精心挑选了石料的石品、颜色。其中一方为带红两色石皮而通体密布胭脂火捺和银线的水岩石，内透红匀脂，质柔且嫩，如女人肌肤，绿、气活方似傅粉脱脱一位披红戴绿的红颜女子。另一则底色青黑，通体蕉白、火捺、鱼脑冻、冰裂纹、青花及五彩钉等名贵石品，特别是那密布的冰裂纹宛如飞流直下的瀑布。越看越让我爱不释手，便毫不犹豫地买了回来。在把玩中又发现了这对鸳鸯砚的一些内在特征，比如那方红颜女子砚，体轻质软，扣之为噗噗噗的柔声(泥声)。另一方却是质密体重，润如玉质，扣之甚响，似乎有一股男子汉的阳刚之气。历代论砚者对端溪水岩都有过不同的品评，比如对水岩的发声就有扣之金声、瓦声、木声，甚至扣之无声的论述。近现代的论砚者一般都认为端溪水岩扣之应为木声。这对鸳鸯砚虽同属水坑，却有着明显不同的特征。从我收藏的十馀方水岩石砚来看，其石色、石品等水岩特征都不尽相同，这便引起我的好奇和思索。为了解开这个谜，我翻阅了大量资料，发现古人亦有过这方面的探索，如在《端溪砚坑考》一书中作者计楠就发过如下议论："昔人论砚多矣，所见异辞，所闻异辞者何也？盖以研坑之出有古今之不同，上下之各别，一代有一代之优劣，一时有一时之好尚，古不必尽胜于今，今不必远逊于古也。"古人所言很有见地，但总觉得还没有从根本上解决问题。好在我曾在地质部门工作过几年，结识不少地质工作者，在他们的帮助下终于找到了答案。端溪砚，尤其是水岩，所以具有贮水不涸、发墨而不损毫的优异性能，以及表现出不完全相同的特征，是与其岩石种类、矿物成份等因素分不开的。水岩大致属于含铁水云母页岩、泥质岩和泥质板岩三种岩石种类，其矿物成份主要由云母类粘土及其他矿物类组成。岩石的种类不同、构成其矿物成份的比例不同，都会引起水岩特征和性能的改变。清代计楠在其《石隐砚谈》一书中就说过："水岩石之嫩者其声清远，嫩如泥者其声静穆。"言外之意，水岩中还有不甚嫩者存在，故石声亦不尽相同了。推而广之，已开采近千年的水岩，随着时间的推移，地质环境的变化，其岩石种类及矿物成份不可能一成不变，这正是历代水岩的特征不尽相同的原因所在。即使是同一年代开采的水岩，其矿物成份也不可能没有差异。事实上，如果构成其矿物成份的粘土矿物类所占比例大的话，其泥质特性就会比较明显，不仅扣之为泥声，砚体也相对会轻一些，质地也相对会软一些；如果其他类矿物质所占比例大的话，水岩的质密体重、刚柔兼备，扣之声响的特性也会比较明显地突显出来。这样看来，历代对端溪水岩品评不一的问题也就不难理解了。不过，古今之砚说者，言人人殊，盖传闻不如所闻，所闻不如所见者，大抵如斯。以我陋见，古今所言，可为互证，不可尽信也。

过去人们只用毛笔写字，所以天天以砚为田，所谓"我生无田食破砚"，直把一生从长磨到短，从有磨到无。这双鸳鸯砚的易主，既是一种无奈，也是一种传承。我收藏古砚,不仅仅是喜欢它所蕴含的文化意境与灵性,更乐意在实践中去体察、去玩味,享受其中有所发现的愉悦。藏之研之,其乐无穷,这也许就是收藏的魅力所在。

在收藏中发现(之二)
——宋代插手砚的演变及其特征

宋人洪适在《歙砚说》中称:"砚之形制不一,古人有以蚌为之者,取其适用而已。"说明古往今来,砚的形制变化都以"适用"与否为转移。经过两千多年的演变,砚的形制大致有四个类别。其中,流行于盛唐之前的足支形砚发展到唐代,又有了较大的改进,出现了箕形砚。它的外形因像日常生活用的簸箕而得名。一端平而宽,另一端较窄,砚面前倾,它的底部前端着地,后两乳足或梯足。宋代的主流砚形——插手砚,就是从唐代的箕形砚演变而来的。

根据文献记载和出土砚的不断出现,越来越多的实物证明,唐代晚期的箕形砚已经很接近宋初的插手砚形了。北宋时期的插手砚尽管基本定型,但仍蕴含着箕形砚的许多特征。从我收藏的几方箕形砚和插手砚来看,也能发现从箕形砚向插手砚逐步演变的轨迹。其中一方箕形砚,从正面、侧面看,完全具备了宋代插手砚的形制和特征,但砚底仍是前端着地,后面梯形足已经变长,接近插手砚的墙足了。这是一方从箕形演变为插手形的典型过渡砚形,十分稀见。其馀几方便完全具备了宋代插手砚的形制和特征,仅有箕形砚的一些遗风而已。如第二方插手砚,前宽 12 厘米,后宽 13.5 厘米,便是继承了箕形砚前窄后宽的特征。四边内敛,是箕形砚底部呈弧形状的遗风。砚堂平坦,与砚池呈淌池式,也是继承了箕形砚前倾的特征。砚底挖空,两足的内侧面外撇,致使左右墙足上宽下窄,形成左右裙足,这是箕形砚为了着地稳而乳足或梯形足均外撇的遗风。可见从该砚的上述特征中还能找到箕形砚的影子。第三方插手砚,前后宽度相差甚微,四边略内敛,仍为裙足,但砚池深凹,并与砚堂的功能明显分开,箕形砚的特征渐失。第四方插手砚变化较大,除砚底仍为裙足外,四边已不再内敛,前后宽窄基本一致,砚池雕成蝉首形,有了一定观赏性,箕形砚的特征几乎尽失。第五方插手砚砚池雕琢较为复杂,称作"苍龙横沼",系宋晚期常见的一种雕饰,而且砚底已由裙足变为墙足,至此已经找不到箕形砚的任何痕迹了。从我所见到的插手砚相比较、分析,北宋时期的插手砚应具备以下几个特征:一是砚体前窄后宽;二是四边内敛;三是砚池深凹、砚堂平坦或砚池与砚堂呈淌池式;四是左右裙足;五是做工简练、古朴,线条流畅、挺拔,突出实用。发展到南宋以后,上述特征已渐消失,并出现了一些雕饰,使其更具观赏性、艺术性。在宋代还有一种特殊形制的插手形,叫"太史砚",这也是唯一以官职命名的砚。这种太史观的特征是砚堂平浅,"一"字墨池,墩厚庄重,体现了官方的威严。

砚台的演变需要一个相当长的过程,在这个演变过程中,总会出现一些过渡砚形,所以单纯以砚形断代未必很准确,还需要结合其他因素综合考虑。

在收藏中发现(之三)

——两方枣心坑龙尾砚

古歙州龙尾砚石始开于唐开元年间，到南唐时龙尾砚的生产已经有了一定规模，并开始成为贡品。发展到宋代，便进入一个鼎盛时期。我收藏的古砚中有两方古歙砚十分难得。这两方砚除有一层厚厚的包浆外，均完整无损，而且做工规整、挺拔、线条流畅，造形古朴典雅。一方为箕形，另一方为鼎形。根据砚形分析，应为唐、宋之物。这方鼎形砚的墨堂内布满了金色碎纹，像无数条游动的泥鳅。再仔细观察，这层布满金色碎纹的砚面是粘合上去的，厚度不足二毫米，而且粘合的天衣无缝，其难度可想而知。还让人称奇的是这两方砚不仅具有歙砚石的一般特征，而且都有一种呈圈状红色和青色条纹，这在古今歙砚中是从未见过的。为了考证这两方古歙砚，并解开这个谜，除走访博物馆(包括北京和台北故宫博物院)以及藏友们的藏砚外，我还查阅了大量有关砚台的文献资料，终于发现在清代计楠所撰《墨馀赘稿》中有如下一段记载："南唐时古歙州枣心坑采石为砚，有青、红丝环绕，色艳而制古，目中绝少之物。"看罢令人兴奋不已。人们普遍认为，鼎形砚属宋代砚形，箕形砚乃唐代砚形的主流。这些年的研究表明，作为宋代主流形的插手砚就是从唐代箕形砚演变而来的。但这个演变经历了一个相当长的历史过程，在这个演变过程中，总会是你中有我，我中有你，而且同一朝代也会有多种砚形存在。这说明南唐时期存在箕形和鼎形砚是情理中的事。有文献记载：南唐有国时，始设砚务官，砚工李少微被擢为砚务官，令石工周全师事之。其时歙砚制作之精美是空前的。从这两方砚制作的精湛程度分析，也非南唐莫属。有鉴于此，这两方古歙砚实应为南唐之物。由此看来，熟悉不同年代、不同坑口的石品，在古石砚鉴别中是十分重要的。但要准确掌握，亦属不易。正如古人所言，"辨砚之难，不难于识精粗，而难于决真赝"。

在收藏中发现(之四)
——两方具有苏坑特征的端石砚

相传宋代大文豪苏东坡曾到端砚产地古端州，深入到斧柯山东麓的崇山峻岭，亲自组织石工开坑采砚石，后人将此坑称为苏坑。清代乾隆年间任肇庆知府的袁树在其《端溪对岸，惟音青，青要县州，距砚谱记》中就有如下记载："距峡东二十里横查司有坑为苏东坡所开，名老苏坑……石色亦全备，响甚。"《宝砚堂砚辨》亦称："苏坑质微硬，色纯花、蕉白、天青俱似大西洞，但扣之金声。"《高志》也有类似记载。事实上，当年苏东坡居惠端州于咫尺，以其爱砚之痴，岂有不到端州之理？当今屡有好事者深入到距峡东 10 公里横查司对岸，即羚羊峡东峡口斧柯山东麓寻找苏坑。虽然在莽莽苍苍的山峦坳壑间发现不少正湮没在榛荒中的古老砚坑，但哪个坑洞为苏坑，已无法分辨。因苏坑开采砚石的时间很短，所以能流传下来的实物自然罕见。在我的藏砚中有两方端石砚，从其石质、石色、石品和石声分析，极似苏坑石砚。两方均为长方形，其中一方长 16 厘米、宽 11 厘米、厚 3 厘米。如意墨池，砚堂微凹，石色纯黑，质坚而略显粗，扣之金声。砚阴处有鱼脑、蕉白、火捺、青花等石品。另一方长 14.5 厘米，宽 9 厘米，厚 2.4 厘米。石色青黑，质坚而细，扣之铮铮。砚面呈片片鱼脑、蕉白和雨淋墙青花等石品。这两方砚的石质虽略显差异，但都温润可手，磨无声，发墨如油，可谓端砚中稀见之品。

在收藏中发现(之五)

——从一方插手形黑端砚说起

宋代赵希鹄的《洞天清禄集》是为鉴别古器之事而作，书中洞悉源流、辨析精审、考证确凿，被后世称为"鉴赏家之指南"。其中"古砚辨"中称："世人论砚者，皆曰端歙。凡论端溪者惟贵紫色，而不知下岩旧坑有漆黑、青花两种。"由此可见，端溪砚石除有紫端、绿端、白端外，还有黑端。据文献记载，黑端在宋时采取已竭，古今砚中亦难得一见。所以宋代以后论及黑端者极少，有的还持怀疑态度，如清代孙森在其《砚辨》中就称："所谓下岩石出黑色、青花二种，世久罕见，其说俱不足援证。"时至今日，实物就更难得一见了。我收藏有一方插手砚，乍看，色黑如漆，若置水中，内透紫气。石质温润柔嫩，磨无声，发墨如油，成片蕉叶白、胭脂火捺隐现其间。砚体修长，底部挖空，内侧面外撇，形成左右裙足。砚池深大，呈蝉首形。做工古朴典雅，注重实用。传世包浆开门，具有宋晚期插手砚的特征。从古至今，能制砚的黑色石材主要有以下几种：一为端溪将军坑和白婆墈均有过黑色砚石，但质地粗糙。二为四川万州黑石，宋代以后虽有人以此石冒充黑端出售，但万州黑石内有铜质微粒，也无端石石品。三为山东淄石，色青黑，偶有鱼脑冻出现，但石质粗顽，映日通体金星闪烁，与端石迥异。四为山东金星石，色漆黑，砚体布满了绿豆大小的银星，与端石有明显区别。此外便是赵希鹄在"古砚辨"中所称道的下岩旧坑之黑端了。下岩旧坑有"青花"是不争的事实，但有无"漆黑"色者，至今仍有疑义。我想，赵希鹄是在直观之下得出"黑如漆"结论的,他未必将其沉入水中观察过,所以他得出这样的结论是不足怪的。其实,清代就有人议论过黑端,认为所谓下岩旧坑之黑端,就是宋代开采的那种深紫近黑的水坑端石。我也赞同此类观点,我收藏的这方插手砚便是难得的实物依据。

在收藏中发现(之六)
——从三方足支圆形砚看其传承痕迹

自古以来,砚的形制变化都以"适用"与否为转移。众所周知,以足支撑的砚台,称之为足支砚,该砚形流行于盛唐之前,这与当时人席地而坐的生活习惯有关。汉墓出土的石砚多为圆饼形,有的就是三足支撑。发展到魏晋时期,砚已由圆饼形演变为镦形,砚足也由三足演变为多足。宋面代生叠米芾在其《砚史》中也称:"晋砚,见于顾恺之画者,有于天石上刊人面者,有十蹄圆铜砚中如镦者,余曾以紫石作之。"唐代的箕形砚、宋代的鼎形砚亦属足支形砚。即使宋代的主流砚形——插手砚也可看作是足支砚形的范畴,无非是由兽足、乳足、梯形足演变为墙足而已。

从我收藏的三方足支圆形砚可发现一些传承的痕迹。其一,三足圆形石砚。该砚直径 17 厘米,高 5.5 厘米。石质坚致似玉,砚面光滑,三足与砚侧垂直,周边有曲折纹饰,线条简洁流畅,增加了砚的美感。该砚风格古朴,造形简洁明快,土侵明显,系汉砚中较为典型的一种。其二,三足镦形澄泥砚。该砚直径 20 厘米,高 4.5 厘米。泥质近似红陶,砚面微凸围以窄边,成镦形,三足突出砚侧面,墨锈斑驳,旧气开门。该砚的三足支继承了汉砚的特征,而镦形砚面则体现了晋砚的特色。其三,三足辟雍形石砚。该砚直径 29 厘米,高 6 厘米。石呈青紫,砚面为辟雍形(亦可看作由镦形演变而来),砚底凹圆,三乳足,做工简练,锈迹斑驳,传世包浆开门。该砚与1952年安徽省休宁县宋朱晞颜夫妇墓出土的圆形三足歙砚类似,正像苏云先生介绍此砚时所说,可谓上承两晋之遗风,下启宋明之先河,诚为砚形演变的重要资料。

当然,砚台的演变有一个相当长的过程,在这个演变过程中,总会发现一些传承的痕迹。

在收藏中发现(之七)

——四方箕形砚及其演变脉络

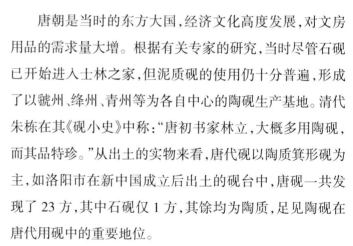

唐朝是当时的东方大国,经济文化高度发展,对文房用品的需求量大增。根据有关专家的研究,当时尽管石砚已开始进入士林之家,但泥质砚的使用仍十分普遍,形成了以虢州、绛州、青州等为各自中心的陶砚生产基地。清代朱栋在其《砚小史》中称:"唐初书家林立,大概多用陶砚,而其品特珍。"从出土的实物来看,唐代砚以陶质箕形砚为主,如洛阳市在新中国成立后出土的砚台中,唐砚一共发现了23方,其中石砚仅1方,其馀均为陶质,足见陶砚在唐代用砚中的重要地位。

我收藏的四方箕形砚(均系出土物)中就有三方为陶质,一方为灰陶,砚体不大,属冥器。另一方也为灰陶,长19.5厘米,前宽13厘米,后宽14厘米。砚首与砚尾分别上翘,砚额作五角突出状,并向内后斜与砚堂相交,砚体前倾,砚堂呈淌池式,砚底有三足支撑。土侵开门,包浆厚重。第三方为红陶,墨锈斑驳,为陪葬物,前窄后宽,前端着地,后由两柱足支撑,砚堂凸起,呈淌池式。还有一方为石质,出土时是一对大小、形制完全一致的箕形砚,均有盖。其中一方为老红丝石,被砚友收藏。我收藏的这方(盖已丢失)石色黄中泛绿,有深色圈纹和类洮河石湔墨点石纹。像这种有盖的箕形砚并不多见,这也是其珍奇之处。

箕形砚以其造形类簸箕而得名,也属足支形砚的范畴,多为前端着地,后两乳足、柱足或梯形足。砚首为圆、为方、为锐首或为三角、多角形。砚面有折痕的、有无折痕的,砚堂有凹形、有凸形。砚底有弧形、有趋平形,形式多种多样。无两足支撑的箕形砚称作风字砚;似斧形的称作斧形砚;似钟形的称作钟形砚。这些砚形均为箕形砚的衍生形。如此看来,砚形的演变一般都能找到其演变的脉络。当然,砚形的变化与当时人们的生活习惯、实用与否以及其他器物造形的影响不无关系。

在收藏中发现(之八)

—— 一方空心注水澄泥砚

澄泥砚是四大名砚之一,始于唐亦盛于唐。这一时期的澄泥砚,无论制作还是材质,都有别于陶砚和唐以后的澄泥砚。据宋代苏易简《文房四谱》记载,谓"作澄泥砚法,以瑾泥令入水中挼之,贮于瓮器内,然后别以一瓮贮清水,以夹布囊盛其泥而摆之。俟其至细,去清水,令其干。入黄丹团和,溲如面,作二模,如造茶者,以物击之,令至坚。以竹刀刻作砚之状,大小随意,微阴干。然后以利刀刻削,如法曝过,间空埻于地,厚以稻糠并黄牛粪搅之,而烧一伏时,然后入墨蜡,贮米醋蒸之五七度。含津益墨,亦足亚于石者"。从大量出土的唐宋泥质砚来看,其质细腻,烧制坚致,明显地有别于粗疏的砖瓦陶质,应属澄泥砚的范畴。但又不同于唐之后虾头红、鳝肚黄、绿豆砂、玫瑰紫等不同品种的澄泥砚。我收藏的早期泥质砚中有几方就属此类。现介绍一方十分罕见的空心注水澄泥砚，供同好共赏。

蟾蜍形，玫瑰紫，四周有竹刀削痕。泥质极似苏东坡鹅式澄泥砚（现藏北京故宫博物院），长14.5厘米，宽12厘米，高5厘米。蟾首上扬，瞪目前视，四足伏地，跃跃欲动，形象逼真而生动。更为奇特的是蟾腹中空，在砚堂左上方有一圆孔，乍看似墨池，实为往蟾腹中注水的注水孔，有人称此种澄泥砚为空心注水砚（该品种未见著录）。蟾蜍砚，古代民间多作蛙形，其源甚早。宋何子远著《春渚纪闻》云："吴兴余拂君厚家所宝玉蟾蜍砚，云是南唐御府中物。"唐杜甫《赠李八秘书别三十韵》有"御鞍金騕袤，宫砚玉蟾蜍"之句。从这些记载中可知蟾蜍形的砚由来已久。但早期传世之品甚稀，空心注水者更为罕见。天津收藏家徐世章先生曾收藏过一方类似的蟾蜍形澄泥砚（现藏天津艺术博物馆），蟾颈处也有一注水孔，有人认为其为砚滴，我觉得视为空心注水澄泥砚更为妥贴。我也曾经手过一圆形空心注水澄泥砚（附砚照），除砚面有注水孔外，在砚阴处还有34个篆书印铭文，即"渊其□，□其质，冬温以醋，夏涵以泉，既润且和，爽寿而坚。启文坛之至宝，实文苑之良田"。以上两方空心注水澄泥砚造形古朴，墨锈斑驳，包浆厚重，绝非近现代之物。

曾任山西省博物馆馆长，并长期研制澄泥砚的徐文达老先生，创造过一种砚式，就叫空心注水砚，并撰文称："目前尚未见到过古有此砚。古有空心瓷砚，未知注水否。创此砚的目的，是想克服泥砚的渗水之弊。据对立统一、相反相成、矛盾转化的哲学观点思考，意图把渗水变成积水，把缺点变成优点，经过若干次试验，得到成功。用此种砚，可保持研池经常湿润不润,这也是继承和发扬传统的一点尝试。"(《中国名砚鉴赏》)殊不知,徐老先生的一番苦心和创造早在几百年前就已经成为现实。而且从圆形空心注水澄泥砚的铭文中还可进一步了解到注入的液体"冬温以醋、夏涵以泉",这样才能"既润且和"。为什么冬天应注入醋而不是水呢? 我想可能是因为醋在寒冬不易结冰的缘故,又或许与古人制作澄泥砚的最后一道工序——"用米醋蒸煮"有关。古人的超前思维和聪明才智实在令人倾倒! 如果从研究的角度考虑,此种空心注水澄泥砚的价值还在于为研究砚史提供了实物依据。

在收藏中发现(之九)

——几方刻铭石砚的启示

我藏有多方刻铭石砚,但究竟哪方的铭文是真的,哪方是后人仿刻的,实在难以说清。现介绍几方,与同好赏析。

曹溶、阮元铭砚

石色黄,系绿端石。长 19.5 厘米,宽 12.5 厘米,厚 3 厘米。石质细润,扣之木声,通体包浆,典雅古朴。砚的右侧篆刻"倦圃"葫芦印,左侧隶书"秋岳珍赏"和"檇李曹溶"印一枚。砚额处刻"秀水曹氏静惕堂藏砚"及"乾隆辛丑秋月阮元观"楷书款。砚阴雕阮元肖像,右手握书,左手执扇,雕工精湛,栩栩如生。可知此砚系曹溶和阮元先后收藏。曹溶,字洁躬,号秋岳,又号倦圃,静惕堂是其书斋名。明崇祯进士,官御史。入清授原官,累迁广东布政使,后降山西阳和道。多藏书,尤富于金石文字,又是著名砚学家,著有《砚录》一书。阮元,字伯元,号芸台,清

133

乾隆五十四年进士,累官湖广、两广、云贵总督,体仁阁大学士。淹贯穷籍,长于考证,著作等身,为一代名流。也是品砚高手,著有《龙门十品砚谱》。从所雕阮元肖像看,似不足20岁,与阮元收藏此砚的时间是相吻合的(按:阮元生于1764年,乾隆辛丑年为1781年,阮元时年18岁,未中进士)。从清代《名人画像传》中可知,阮元只为后人留下其中、晚年画像,今在此砚上又发现阮元青年时肖像,十分难得。

孙星衍制砚

仿汉瓦形,长21厘米,宽13厘米。黄色石理中显缕缕红丝,像一江春水汹涌澎湃,一泻千里。砚池右上方镌篆书"汉缘"二字,砚阴镌"仿未央宫东阁瓦",隶书。款为"孙星衍制",款下刻"孙氏伯渊"印一枚。久经岁月,已满目疮痍。孙星衍,字伯渊,清乾隆二十五年进士,授编修,曾主讲钟山书院。孙氏博极群书,金石、文字拓本、字画等莫不考究。工篆隶,精校勘。前人未提及孙星衍能篆刻、善制砚,此砚铭文无疑是对孙氏生平爱好的补充说明。

我还经手过一方袖珍刻铭石砚,紫色,石质一般。墨池与墨堂雕成"门"字形,系明清时流行的一种砚形。墨锈斑驳,传世包浆开门。砚的右侧刻"戊子小春石涛自识"和"兰谷生同观"款(似一人所为)。砚背阴刻""书可读此不可耕乎",落款"板桥并识"。从上述铭文分析,此袖珍砚应为石涛收藏,同观者为兰谷生,此后又被郑板桥获得。

石涛系清早期僧人,著名书画家。生于1630年,卒年不详,只知康熙四十七年(1708)石涛78岁高龄尚健在。石涛铭刻此砚应在其18岁(已削发为僧)或78岁时。兰谷头陀,字谷生,晚年弃仕为僧。能鉴金石,工书法,生卒年不详。他既能与石涛同观此砚,应为同时期人。同为僧人,又有相同爱好,两个人相识,常相往来,亦情理中事。郑板桥,系石涛之晚辈,乾隆元年(1736)进士,曾任山东潍县知县。工画兰、竹,书风别致,以隶、楷、行三体相参,自成一格。此砚郑板桥铭与郑氏书体极似。从砚铭的刀痕、字口来看,也不像现代人所　　　　　　为。再结合其砚形、传世包浆及递藏人的经历、爱好和所处时　　　　　代 等 方 面综合分析,看不出有明显破绽。有人说,如果是名　　　　　人用砚、铭砚,那一定是一方非常好的砚石,如端溪老坑石　　　　　之 类 , 否则就值得怀疑。此说不无道理,但也不尽然。2002　　　　　年, 我赴台湾返山西路经北京时,有幸在故宫博物院地下　　　　　仓库参观了古砚库,其中有一方很一般的歙石小砚,上阴刻乾隆御铭,字口如新。我问管理员是否新刻铭,回答是否定的。如果按我们的常规标准去衡量其真伪,便会得出相反的结论。所以,有时按照常规、常理去判断,未必一定准确。我一直认为,除少数流传有序的砚台以外,砚铭的真伪是很难说得清的。

在收藏中发现(之十)

——四方古澄泥砚及其断代

　　早在唐代,澄泥砚的生产和使用就很普遍,这时的澄泥砚已不同于粗疏的砖瓦陶质,而是将陶土淘洗精拣,撷取细泥烧制而成。据《金玉琐碎》记载:"澄泥者,澄江之泥也,年久质坚,唐人琢以为研。其难得者黄质黑章,名鳝鱼黄,盖色若鳝鱼之背;有青色者,名蟹壳青;红色者,名鰕头;红白色者,名鱼肚白,皆唐以后之泥。"由此可见,鳝鱼黄等各种名品澄泥砚的烧制,应在唐代以后。下面就我所藏,介绍几方此类澄泥砚,供同好赏析。

石函澄泥砚

砚呈梯形，为斗检式，澄泥为之，俗称绿豆砂，系澄泥砚中名品之一。函盖已佚，仅留下函为砚。砚面正平而微凹，上方斜入墨池约深2厘米，砚背作"井"字，中圆如井形。左侧合缝处镌篆书铭，因失函盖，石函砚底部仅留篆书"月日"二字和"宜光"行书款及"凡夫"方印一枚，合缝处的铭文仅留残笔，很难辨识。通体墨锈斑驳，包浆开门。经查寻有关文献资料，发现《西清砚谱》曾著录有三方宋代石函澄泥砚，其中一方跟该砚的形制、大小基本吻合，左侧面合缝处也有赵凡夫篆书铭，即"发我玄光，助我灵笔，传百十世，寿永月日"。赵宧光，字凡夫，明朝吴中高士，隐居寒山，读书稽古，有名于时，也有制砚、铭砚的嗜好。可惜《西清砚谱》中曾著录的这三方宋代石函澄泥砚，均已失传，不知所终。为何定为宋砚，有何依据，不得而知。

双鱼戏花澄泥砚

砚长28厘米，宽17.5厘米，厚2厘米。砚额处刻双鱼同戏一枝花，圆形墨池两旁各有一笔插孔，墨堂深凹，可见砚主人用功之勤。砚体墨锈斑驳，土侵厚重，已看不清砚体的颜色，扣之瓦声。从其形制、雕刻纹饰、材质及包浆等方面综合分析，并参照以往宋墓中出土的砚台，断代为宋砚较妥。

我还收藏有一方虾头红澄泥砚，墨池如狮口，墨池上方也有一对笔插孔，其造形与明代开始流行的一种黑釉瓷笔插一致，传世包浆开门。从其形制、做工、纹饰等方面综合分析，定为明代砚较妥。还有一方玫瑰紫澄泥砚，砚额处也有鱼戏水草图案,墨池内遗墨斑驳,墨堂温润发墨。对该砚的断代有不同看法,有的砚友认为是清代澄泥砚,有的则认为,从砚形和纹饰看,应为明代砚。

古砚断代是鉴藏和研究古砚的重要环节,只有准确断代,才能把它放在一定的历史环境中去研究。然而从上述几个例子可以看出,古砚断代难度很大,情况非常复杂。比较可靠的是流传有序的砚和出土砚,人们往往将其视为古砚断代的标本来参照。但也有特殊情况,比如墓主人是清代人,死后将一方生前收藏的宋砚作为陪葬带入墓中,那就另当别论了。首都博物馆收藏有一方箕形瓦砚(编号 10.157,实为插手澄泥砚),土侵开门,其砚形完全符合宋代形制,但被定为清代箕形瓦砚,我想可能就属于此种特殊情况。如果有铭文的砚,通常则按铭砚人所在的年代断代,这也得具体情况具体分析,不能一概而论。最好的做法就是多看实物,多研读有关资料,并细心对照、比较,结合多方面因素综合分析,这样才能较为准确地断代,从而为研究古砚提供可靠的实物依据。

谈古石砚鉴藏

收藏古玩必先懂点鉴定。古玩鉴定是非常复杂的,它需要方方面面的知识,还要尽量多地阅读有关文献资料和接触大量的实物(包括真品与赝品)。对每一件藏品要仔细观摩、反复比较、深入研究,方可能得出一个比较正确的结论。下面将我十几年收藏古砚经历中的点滴体会写出来,与同好商榷。

古砚跟其他古玩一样,其鉴定一般包括辨伪、断代和评价三方面的内容,其中辨伪又是前提条件。当你拿到一方古石砚时,应首先考虑这是真古砚,还是假古砚。应该如何去识别?大家知道,不同时代有不同时代的主形砚。明清以来,一些文人墨客或好事者常常会在石砚上刻制一些砚铭。出于商业目的,也有不少砚铭是后人仿制和伪刻的。实际情况非常复杂,砚形和砚铭的真真假假很难说得清,所以除少数流传有序的砚台以外,仅仅依靠砚形和砚铭辨别古砚有时是靠不住的。那么什么才是靠得住的依据呢?根据我多年的实践,我认为长时间在空气的作用下,在砚体上形成的氧化物,也就是人们通常讲的包浆,才是辨别古砚的可靠依据。但对包浆也有不同的认识,有人认为附着在砚体表面的污垢和墨锈就是包浆(在正常情况下,也不失为鉴别古砚的一种依据)。不过这种所谓的包浆是可以伪造的,况且,以有无墨锈来鉴别古砚的真伪,也有失偏颇。根据文献记载,古人就有用毕砚必洗的习惯,墨锈从何而来?有一些被收藏家作为观赏品收藏的砚台,几乎从来没有被使用过,墨锈又从何而来?我曾在台北故宫博物院近距离看到过康熙、乾隆的自用砚,并无丝毫墨锈。即使那些乾隆皇帝曾收藏过的百馀方古砚,也没有几方能看到墨锈。因为墨锈的有无与使用者的爱惜程度有关,与使用习惯有关,与砚材的结构、石质的坚密程度等因素有关,故以墨锈辨真伪不足为凭。只有那一层附着在砚体上的氧化物是既洗不掉,也伪造不出来的。用肉眼观察这层氧化物,色泽往往比本石色深沉、温润而有光泽,年代愈久色泽愈深。如果有的石质特别坚密细润,其表面似乎有一层透明物质,石品花纹像在水中浮动,文献中古人常常称这种氧化物“犹如镜面”。其次,一方历经数百年的古砚,留下一些伤残是难免的。但这种用肉眼看得见的伤残,也能人为制造,有的还让你看不出破绽。然而有一种因长期拿取、使用、洗涮和风化、腐蚀而在砚体上留下的、只能在放大镜下观察到的、多如牛毛的损蚀微痕,也是作伪者无法伪造出来的,应该说也不失为古砚辨伪的可靠依据。第三,以石品、石色辨真伪。此项辨别难度非常大,一般人不易做到。因为它要求辨真伪者必须熟悉历代砚坑所采砚石的异同。就以端石为例,同样是老坑产的石材,宋代、明代、清代乃至现代的石色石品总是有差异的。这个差异需要仔细观察,用心分辨,于同之中详辨其异,于异之中详辨其同。绝不可以用近现代老坑产的“蓝宝色”石材去要求宋代、明代产的石材也必须是“蓝宝色”,否则,古端砚就统统被排斥在老坑石之外,这样就会与一些老坑古端砚失之交臂。

宋代赵希鹄在其《洞天清禄集》中说:“世之论端者惟贵紫色,而不知下岩旧坑惟有漆黑、青花二种,初未尝有紫。此无它,未曾观古砚耳。”一直生活、工作在广东肇庆,多年从事端砚制作和研究的刘演良同志在其《端砚全书》中也说:"老坑洞内又分许多支洞,如大西洞、东洞、正洞、水归洞、飞鼠洞。而同是老坑,大西洞与水归洞砚石亦有差异,同时老坑因年代不同,石质、石色亦有异同……这是十分自然的。"至于老坑石品的差异,也是一样的道理。可见,任何事物都不是一成不变的。教条的、以偏概全的思维方法,对一个鉴藏者来说是十分有害的。

如果是出土的古砚,必然有土侵的痕迹,在鉴藏时不可不细心观察。

当以上鉴藏的前提条件——辨伪有了结论之后,结合各个时期砚台的形制、特点,包浆的厚重程度等多种因素综合分析、判断,便可准确断代。这样才能把它放到一定的历史环境中去研究,从而揭示其内在的、科学的、艺术的、历史的价值。

古砚收藏也是仁者见仁、智者见智,各有各的收藏观和收藏品种。我的收藏观是不管这方古砚有无雕工、有无名人砚铭,只要石质精良、石品奇特,就值得收藏(如再有精湛雕工、名人铭文,无异于锦上添花),因为我收藏的是发墨而不损毫的砚台,并非石雕、石刻或名人书法。当然我的这种收藏观不一定对,也未必适合其他同好。

虚心学习,不浅尝辄止;认真严谨,不轻率下结论。这是鉴藏者应具有的品格,愿与同好共勉。

采访张亚彬记略(代后记)

  我是通过报刊认识张亚彬先生的。记得曾在《山西日报》上读过一篇《历史来不得半点虚假》的文章,署名就是张亚彬。后来,陆续又在《中国文化报》《中国文物报》以及收藏类报刊上看到了张先生发表的有关收藏方面的文章。这时才发现张先生还是一位收藏爱好者。于是便产生了采访张先生的愿望,而且不久便得以实现。

  走进其居室,首先是一个不大不小的会客厅。客厅通往生活间的门楣上方悬挂着一块自题"无尘斋"的牌匾引起我的好奇。张先生解释说,他起这个斋名有几层意思:作为居室讲究卫生是理所当然;作为一名国家干部洁身自律是本分。他退休后曾治过一枚闲章,印文就是"一生政绩无奇处,两袖清风不让人"。还有一层意思是在他的藏砚中有一方明末清初今释和尚自用砚,砚堂上方刻"净土"二字,与"无尘"异曲同工。自古就有以藏品命斋名之先例,他说他也不妨"东施效颦"。进入生活间,除餐厅、卫生间外,所有居室"有田皆种石,无屋不藏书"。六个大书橱放满了古籍善本和碑帖拓片,令人羡慕不已。博古架上摆放着历代古砚,其中不乏精品、珍品。徜徉其中,可以感受到时代的变迁,光阴的流逝,给人一种穿越时空隧道的感觉。

  落座后,我请张先生谈谈从何时起就有了收藏古玩这一雅兴,以及收藏过程中发生的点点滴滴。

  他说,古玩是历史的积淀,文化的载体。从古至今,凡是懂文化的人无不对此情有独钟。张先生从1994年开始收藏古玩,古砚、古籍和碑帖更是其最爱,特别是古砚收藏已成系列,并小有规模。那时张先生已经是地师级干部了,从事纪检监察工作。他说:"冷官十年闲,不是无事可做,而是有事难做。有一句古话叫'冷官身闲好读书',我是冷官身闲好收藏。当然,读书也是我的爱好。其实读书与收藏是相辅相成的。"世上的事情总是一分为二的,这也造就了他在收藏领域的成就。说起他的官场生涯,张先生显出一脸的无奈。但说起收藏来兴趣很浓,体会颇多。十馀年来,张先生为收藏古玩,乐此不疲,付出了很多。他说为了收藏古砚,他几乎读遍了有关砚台的书籍、资料,跑遍了每一个该去的地方。他走访了各地收藏古砚的博物馆。2002年还随山西歌舞团去台湾访问,演出期间,专门去台北故宫博物院仔细观看了《西清砚谱》收录的实物,并购回了光盘、图录,反复观赏、玩味。他说收藏是一门学问,不能满足于为收藏而收藏,真正的乐趣和价值在于研究。他特别强调研究离不开多接触实物、多读书,因为书是源泉、是阶梯、是顾问,是做研究的基础。古人说"学不进由于因循"是有道理的。有一位哲人也说过:"学问之进步在于疑,小疑则小进,大疑则大进。"当然不是什么都怀疑,而是在理论联系实际,反复比较,认真思考的基础上,敢于质疑古人,敢于提出自己的观点,这样学术才有生机,社会才能进步。他说他编写《砚林集说》这本小册子,就是在这种理念下完成的,有的观点可能跟一些陈说不尽一致,甚至相左,只要不是空穴来风,总比拾人牙慧、人云亦云有价值,起码可以起到抛砖引玉的作用。可以说这本小册子是他十数年收藏古砚、研究古砚的成果。他说"尽管很不成熟,还有不少需要商榷的地方,但它毕竟是对自己不懈努力的回报"。

他反复强调,这本书能如愿面世,除了贤妻和家人的理解、支持外,还要特别感谢朋友和同好们的关心、帮助,以及出版社的鼓励,是他们给了我与广大砚友进行交流的机会。

采访结束了,张先生那温文尔雅的谈吐和儒者风范给我留下了深刻印象。

图书在版编目（CIP）数据

砚林集说 / 张亚彬编著. —太原：三晋出版社，2009.3
ISBN 978-7-5457-0028-2

Ⅰ. 砚… Ⅱ. 张… Ⅲ. 砚—中国—图集 Ⅳ.K875.42

中国版本图书馆CIP数据核字（2009）第040166号

砚林集说

编　　著：张亚彬

责任编辑：朱　屹

装帧设计：原　晋

责任印制：李佳音

出 版 者：山西出版集团·三晋出版社

地　　址：太原市建设南路 21 号

邮　　编：030012

电　　话：0351-4922268（发行中心）
　　　　　 0351-4956036（综合办）

E-mail: sj@sxpmg.com

网　　址：http://sjs.sxpmg.com

经 销 者：三晋出版社

承 印 者：山西臣功印刷包装有限公司

开　　本：787mm×1092mm　1/16

印　　张：9

字　　数：80 千字

版　　次：2009年3月　第1版

印　　次：2009年3月　第1次印刷

书　　号：ISBN 978-7-5457-0028-2

定　　价：38.00 元